Pascal Sombardier

Die Klettersteige der Dolomiten

Die schönsten Routen in allen
Schwierigkeitsgraden

Pascal Sombardier

Die Klettersteige der Dolomiten

Die schönsten Routen in allen Schwierigkeitsgraden

Die Tourenvorschläge dieses Buches wurden vom Autor und vom Verlag mit größter Sorgfalt und dem Bemühen um zuverlässige Information zusammengestellt. Veränderungen der Verhältnisse und Unstimmigkeiten sind leider dennoch nicht auszuschließen. Eine Garantie für die Richtigkeit der Angaben kann daher nicht gegeben werden. Eine Haftung für etwaige Unfälle wird aus keinem Rechtsgrund übernommen.

Titel der französischen Originalausgabe
Dolomites – les plus belles Via Ferrata

Originalausgabe erschienen bei
© 1999 Editions Glénat, BP 177, 38008 Grenoble Cedex, Frankreich

Übersetzung aus dem Französischen: Karola Bartsch

BLV Verlagsgesellschaft mbH
München Wien Zürich
80797 München

Deutschsprachige Ausgabe:
© BLV Verlagsgesellschaft mbH, München 2001

Die Deutsche Bibliothek – CIP-Einheitsaufnahme

Ein Titeldatensatz für die Publikation ist bei
Der Deutschen Bibliothek erhältlich

Umschlagbild: In der Ferrata Berti (Sorapiss-Umrundung).
Umschlagrückseite: Die Bänder der Spada am Alpinisteig (Popera-Umrundung).
Seite 2: Blick von Rio Gere auf den Cristallo.
Sämtliche Aufnahmen in diesem Buch stammen vom Autor, mit Ausnahme der Bilder auf S. 8, 25, 27, 28, 29, 58, 94, 95, 96, 97, 102, 105 unten, 108 oben und 109 oben
(Paule und Dominique Giard).
Den Text zum Sass Rigais (Nr. 3) hat Dominique Giard verfasst.

Lektorat: Barbara Hörmann, Walter Theil
Herstellung: Peter Rudolph
Einbandgestaltung: Joko Sander Werbeagentur, München
Originalskizzen und Übersichtskarten: Pascal Sombardier
DTP: Satz + Layout Fruth GmbH, München
Druck und Bindung: Bosch Druck, Landshut

Gedruckt auf 150g/m² Allegro, glänzend gestr. BD,
Fa. BERBERICH, Ottobrunn
Printed in Germany · ISBN 3-405-15994-6

Der Autor dankt allen, die ihn bei seiner Arbeit an dem vorliegenden Buch unterstützt haben, ganz besonders Dominique Giard, Pascal Vassy, Marie-Hélène, Robin und Cyril.

Inhalt
(nach Schwierigkeit von leicht bis schwer geordnet)

Die witterungsunabhängigsten Routen
*Auch bei unbeständigem Wetter zu begehen,
Gewitter ausgenommen.*

- Via ferrata Ettore Bovero (Col Rosa) – siehe Nr. 17
- Toblinger Knoten – Nr. 5
- Pisciadù-Klettersteig (Exnerturm) – Nr. 16
- Via ferrata Albino Michielli-Strobel
  (Punta Fiames) – Nr. 17
- Boèseekofel-Klettersteig – Nr. 7
- Via ferrata Masarè und Rotwandklettersteig – Nr. 6
- Via ferrata delle Trincèe – Nr. 18

*Siehe geografische Zuordnung und Übersichtskarten auf
den nachfolgenden Seiten. Die Zahlen beziehen sich auf die
Nummern der Klettersteige im Buch.*

Die landschaftlich schönsten Routen
*Es handelt sich um eine subjektive Einschätzung des Autors,
bei der jedoch auch andere Meinungen berücksichtigt wurden.*

- Bocchette-Weg – Nr. 12
- Popera-Umrundung – Nr. 24
- De Luca-Innerkofler-Steig und Schartenweg
  (Paternkofel) – Nr. 5
- Sorapiss-Umrundung – Nr. 19
- Via ferrata Giuseppe Olivieri (Punta Anna /
  Tofana di Mezzo) – Nr. 23
- Sentiero attrezzato Nico Gusella, Via ferrata del Porton,
  Via ferrata del Velo – Nr. 14
- Superferrata Gianni Costantini
  (Cima Moiazza Sud) – Nr. 31
- Via ferrata Giovanni Lipella (Tofana di Rozes) – Nr. 11
- Vie ferrate Zacchi, Berti und del Marmol
  (Schiara) – Nr. 20

Anreise

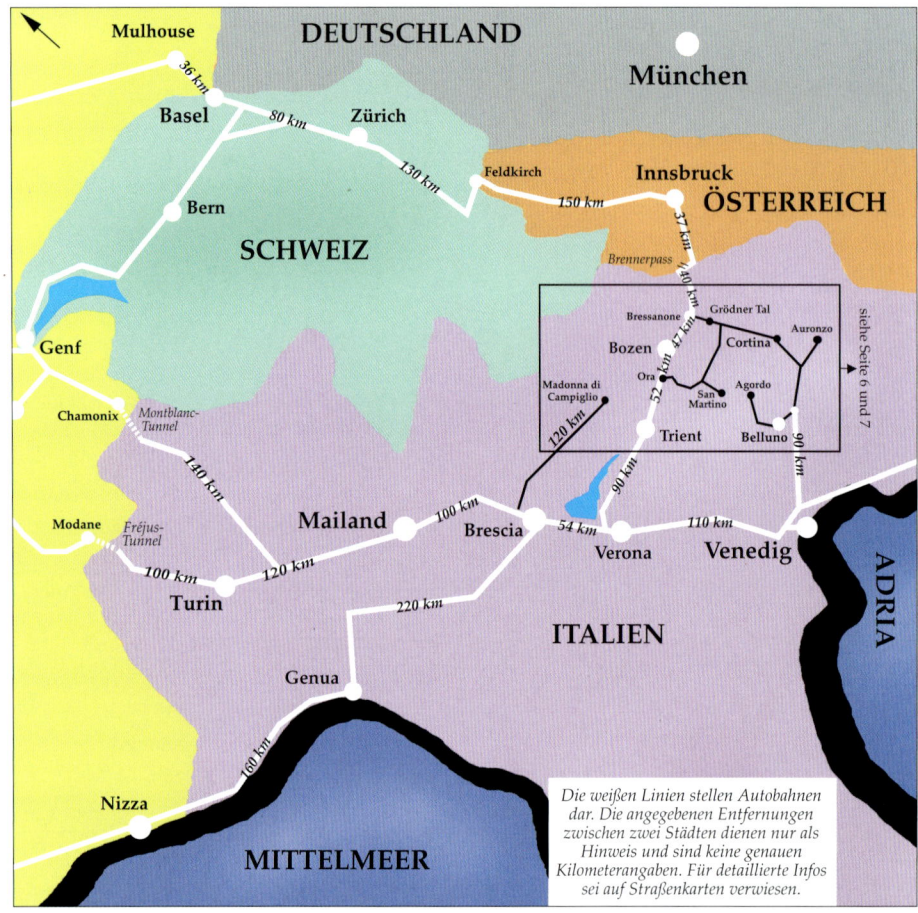

Die weißen Linien stellen Autobahnen dar. Die angegebenen Entfernungen zwischen zwei Städten dienen nur als Hinweis und sind keine genauen Kilometerangaben. Für detaillierte Infos sei auf Straßenkarten verwiesen.

Die Dolomiten erreicht man von Deutschland aus am schnellsten über Innsbruck und die Brennerautobahn. Zum Knotenpunkt Innsbruck gelangt man von Westen (aus der Schweiz) über Feldkirch und die Arlbergautobahn, von Norden über München und Garmisch-Partenkirchen/Mittenwald oder auf der Inntalautobahn über Kufstein.

Je nach Zielort bieten sich auf der Brennerautobahn zwischen Sterzing und Trento mehrere Abfahrtmöglichkeiten an.

Für die nördlichen und östlichen Dolomiten (Sextener, Tofana, Marmarole …) zweigt man vor Brixen ins Pustertal Richtung Bruneck, Toblach und Cortina d'Ampezzo ab. Von Osten her, aus Richtung Lienz, hat man ebenfalls Zugang ins Pustertal.

Zu den Ausgangsorten in den zentralen Dolomiten (Langkofel, Sella, Marmolada …) gelangt man über das Grödner Tal oder etwas südlich über das Eggental und den Karerpass (Rosengarten, Latemar).

Südlich von Bozen gewinnt man über das Fassatal und den Rollepass Zugang zu den südlichen Dolomitenbereichen.

Eine weitgehend autobahnlose, aber landschaftlich abwechslungsreichere Alternative bietet im Westen die Verbindung über Landeck – Reschenpass – Meran – Bozen, im Osten die Zufahrt über Kitzbühel – Felbertauern – Lienz – Innichen – Toblach.

Die Autobahnen auf österreichischem und italienischem Gebiet sind mautpflichtig; in Österreich werden zusätzlich Teilstreckengebühren erhoben, so für den Brenner, den Arlbergtunnel und den Felbertauerntunnel.

DIE KLETTERSTEIGE NACH REGIONEN

Die wichtigsten Regionen der Dolomiten

WESTLICHE DOLOMITEN

A - Brenta
B - Latemar
C - Rosengarten
D - Schlern
E - Langkofel
F - Sella
G - Geisler
H - Marmolada
I - Pala

ÖSTLICHE DOLOMITEN

J - Averau, Nuvolau
K - Fanes, Cunturines
L - Tofana
M - Cristallo, Pomagagnon
N - Drei Zinnen
O - Cadini di Misurina
P - Popera
Q - Peralba
R - Marmarole
S - Sorapiss, Antelao
T - Pelmo
U - Civetta
V - Bosconero
W - Schiara

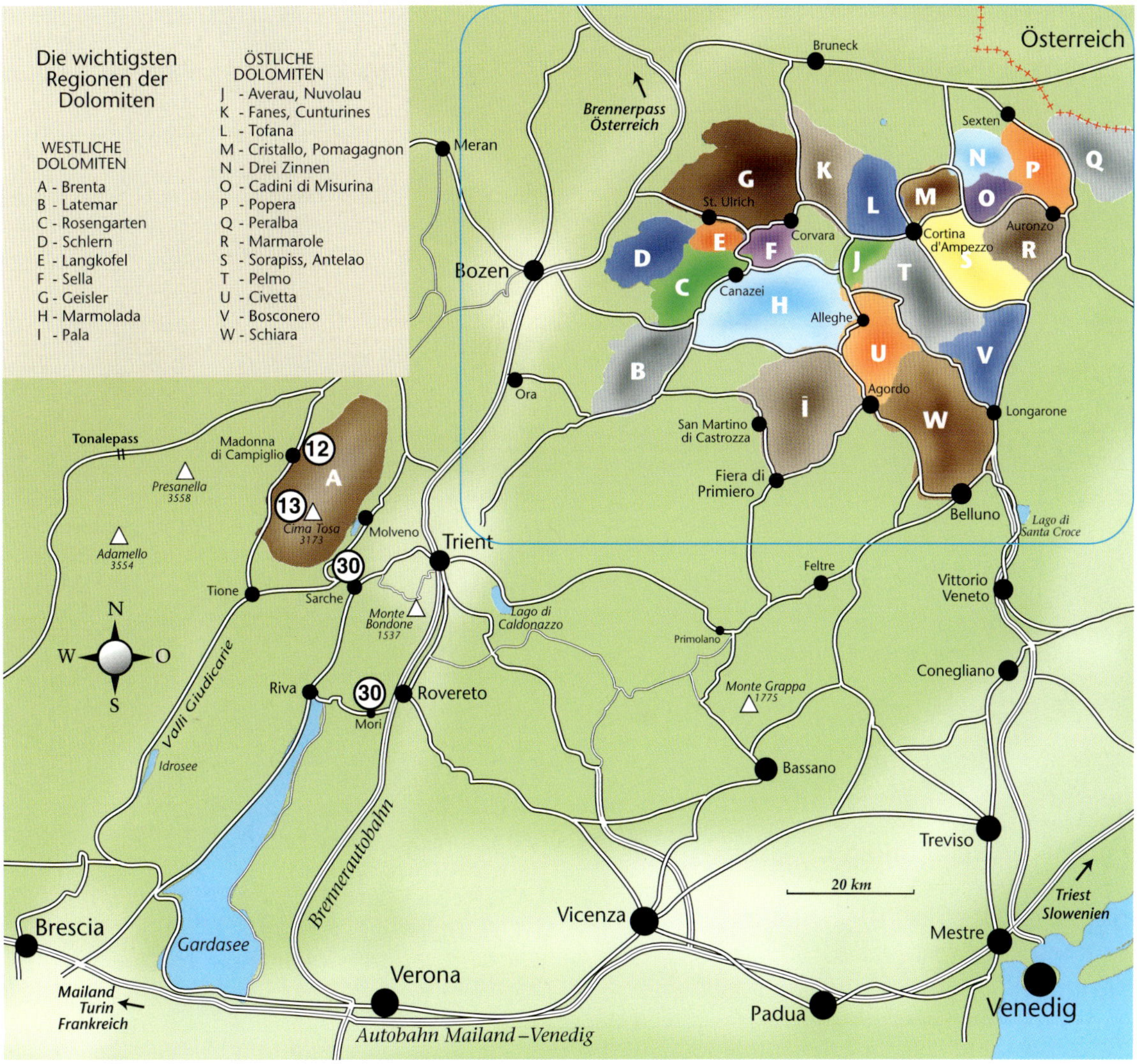

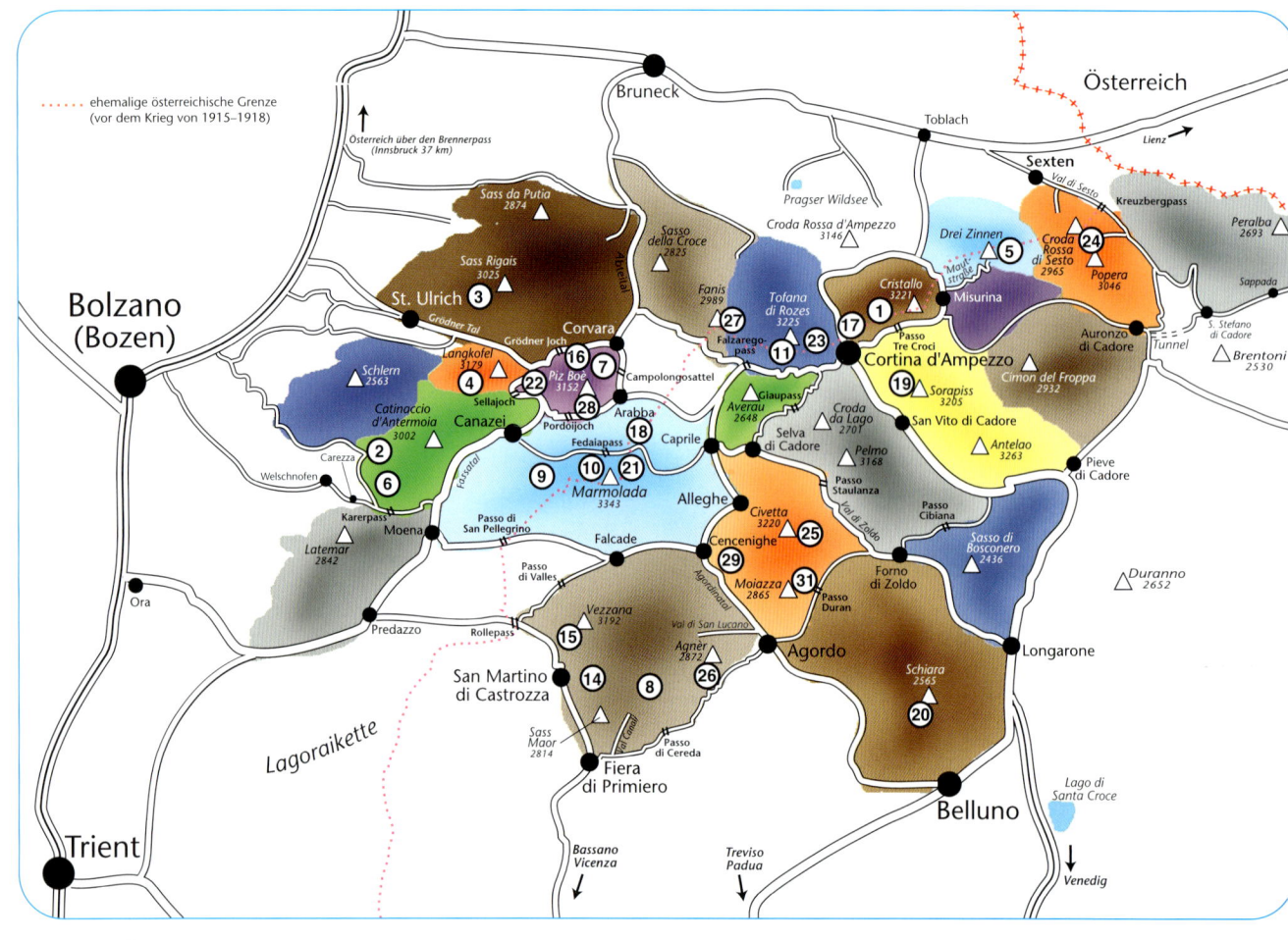

Die historisch interessantesten Routen
Ruinen von Stellungen aus dem Ersten Weltkrieg
- **Stollen im Piccolo Lagazuoi** – Nr. 27
- **Marmolada – Via ferrata Eterna** – Nr. 21
- **Via ferrata delle Trincèe** – Nr. 18
- **Via ferrata Giovanni Lipella** – Nr. 11
- **Toblinger Knoten** – Nr. 5
- **Ivano-Dibona-Höhenweg** – Nr. 1
- **Tomaselli-Klettersteig** – Nr. 27
- **Popera-Umrundung** – Nr. 24

Die ältesten Klettersteige
- **Marmolada – Westgrat** – Nr. 10
- **Pößnecker Klettersteig** – Nr. 22
- **Bocchette-Weg** – Nr. 12

Der Felsgarten

Das Relief der Dolomiten ist einzigartig auf der Erde. Man bewegt sich hier in einer ganz anderen Welt, in einem imposanten Felsgarten, der vor 200 Millionen Jahren auf dem Meeresgrund entstand. Möglicherweise ist die Vorstellungswelt, die uns in der Kindheit geprägt hat, der Ursprung der Leidenschaft, die viele von uns für diese Felslandschaft empfinden, denn waren es nicht genau solche bunte, gigantische Monolithen, die entstanden sind, wenn man uns aufgefordert hat, Berge zu malen?

Das Wort »Dolomiten« geht auf den Namen des französischen Wissenschaftlers Dolomieu zurück. Ende des 18. Jahrhunderts untersuchte der Geologe dieses Kalkgestein, das neben dem üblicherweise vorhandenen Kalziumkarbonat auch Magnesium enthält. Obwohl der Namensgeber einer ihrer Landsmänner war, war den Franzosen die überwältigende Schönheit und Größe dieser Berge und ihre Geschichte kaum ein Begriff. Erst seit es auch in Frankreich *Vie ferrate*, also »Eisenwege« gibt, die sich großer Beliebtheit erfreuen, unternehmen die Franzosen deutlich mehr Abstecher in diese Gegend. Und sie tun gut daran, muss man doch nicht unbedingt bis Amerika oder in den Himalaja reisen, um Highlights des Bergsports zu entdecken.

Man hüte sich indessen vor der Vorstellung, hier ebenso »gemütliche« Klettersteige vorzufinden, wie es in anderen Regionen der Fall ist. Die Dolomiten sind keine leichten Berge. Hier ist das Felsklettern entstanden, und namhafte Bergsteiger, von Dibona bis Comici, von Cassin bis Messner, stammen von hier. Die Höhe mag bescheiden anmuten (die Marmolada, der höchste Gipfel, ist 3343 Meter hoch), aber die Steilheit, die Größe der Wände (die höchste, die Nordwand des Monte Agnèr, misst 1600 Meter) und das Wetter verleihen ihnen einen Hochgebirgscharakter, den die begeisterten Besucher nicht selten unterschätzen.

Viele Touristen kommen in Turnschuhen. Sie wähnen sich im »sonnigen Süden« und ignorieren die Tatsache, dass sie sich noch in den Alpen befinden. Sie sind sich der Risiken, die mit möglichem Schneefall oder einer plötzlich aufziehenden Kaltfront verbunden sind, nicht bewusst. Das Wetter in den Dolomiten ist wechselhaft und in gleicher Weise zu berücksichtigen wie im Hochgebirge. Zum Glück kann man fast jeden Tag etwas unternehmen, denn

Am Bonacossa-Weg (Cadinigruppe).

man sieht die Wolken rechtzeitig herannahen, und in der Regel folgt auf sie wieder ein Hoch. Nur eine einzige Wetterlage ist ein wirkliches Handikap: anhaltender Nieselregen, Kälte und ein verhangener Himmel, was unter Umständen einige Tage anhalten kann, und zwar überall in den Dolomiten. In diesem Fall fährt man am besten nach Hause. Ein Tipp: Kommen Sie möglichst im Herbst, wenn das Wetter am beständigsten ist. Manche Gegenden sind ungeschützter als andere; so versinken die südlichsten Dolomitengruppen Pala und Schiara häufig im Nebel, der von der Adria und Venedig heraufzieht. Bei unsicherem Wetter sollte man flexibel sein und, eventuell von einem anderen Ausgangspunkt aus, eine leichtere Tour angehen.

Die Möglichkeiten sind vielfältig: Es gibt über hundert Klettersteige in der Gegend und zahllose Wanderwege ...

Diese meteorologische »Unsicherheit« macht zum Teil auch den Reiz der Dolomiten aus, denn richtig schön sind die gewaltigen Felswände erst, wenn romantischer Nebel sie umhüllt. Die Italiener scheinen besonders empfänglich dafür zu sein und machen sich bei jedem Wetter mit riesigen Rucksäcken zu mehrtägigen Touren auf – um den Preis ungeheurer Langsamkeit. Es ist sicher vorteilhafter, die Situation konkret einzuschätzen, mit leichtem Gepäck aufzubrechen und zügig unterwegs zu sein, um vor einsetzenden Regen- oder Schneefällen und vor allem vor dem Gewitter wieder zurück zu sein.

»Accessibile anche al Signore«

Die Einrichtung von Klettersteigen hat sich in den Dolomiten wie von selbst ergeben, da ihre Felsstrukturen herkömmliche Wanderungen kaum zulassen. Etliche Wanderwege gibt es nur, weil sie auch ein paar Leitern oder ein Drahtseil enthalten, durch die eine Schlüsselpassage erst begehbar wird. Ein schönes Beispiel dafür ist die Ferrata Berti, ohne die die Sorapiss-Umrundung nicht möglich wäre. Man könnte zahlreiche Beispiele dieser Art anführen, und es spricht viel für diese Logik der Wegführung, die sich zudem durch die Vielzahl von Bändern in dem geschichteten Fels ergibt. Das steht in einem Gegensatz zu so mancher »Mini-Ferrata«, die es vor allem in Frankreich gibt und die kaum einer logischen Linie folgen. Auf diese Weise werden oft – aus reiner Spielerei – Felswände versichert, die für Sportkletterer uninteressant sind.

Die nicht nur bei Kletterern berühmte Nordwand des Monte Agnèr (links) ist mit 1600 Meter die höchste Wand in den Dolomiten.

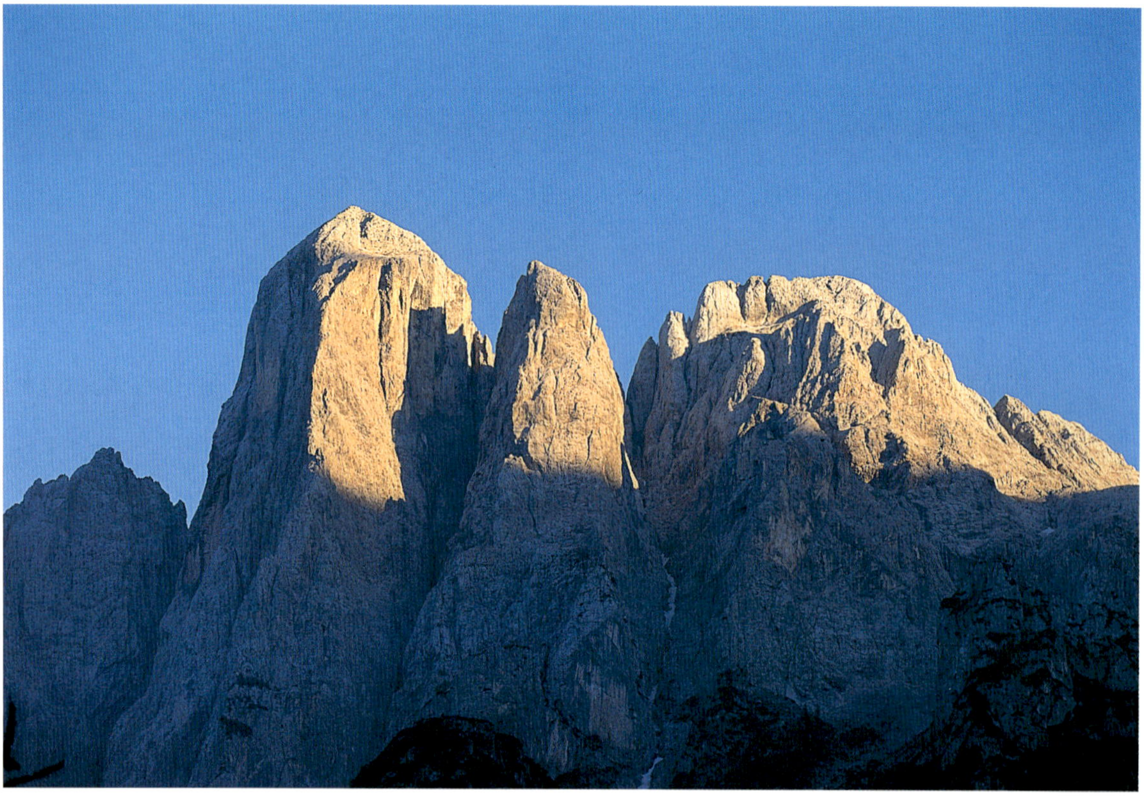

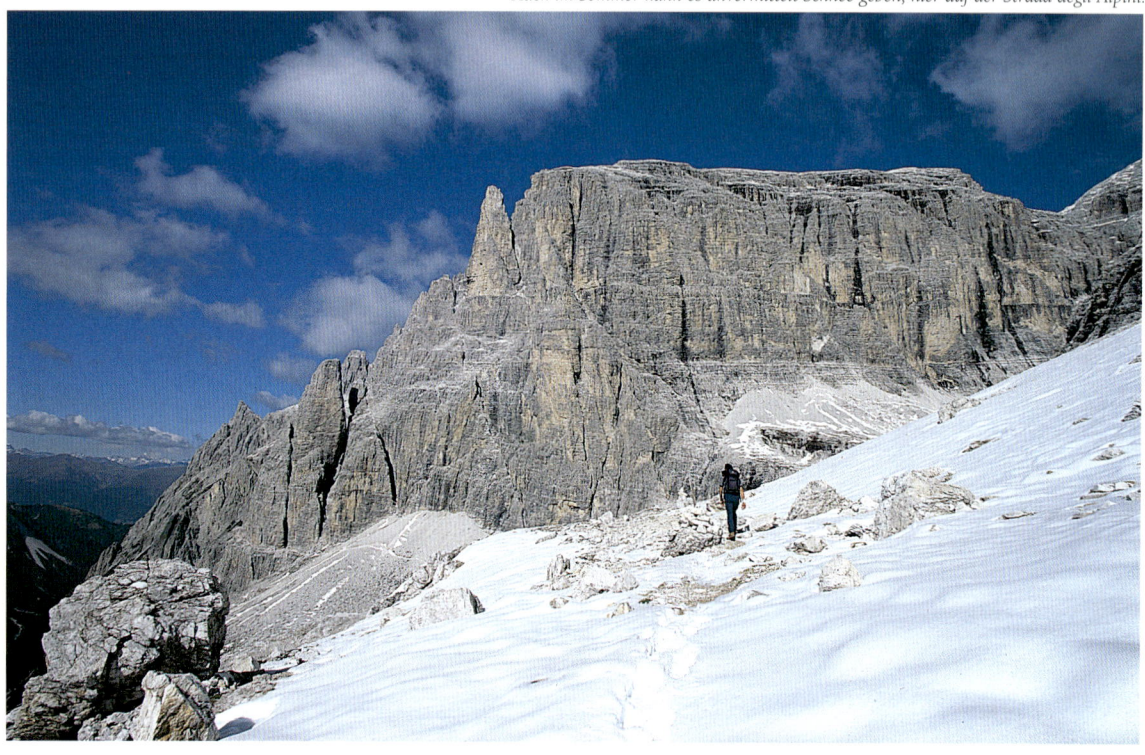

Auch im Sommer kann es unvermittelt Schnee geben, hier auf der Strada degli Alpini.

Die Erschließung der Dolomiten stand von Anfang an unter anderen Vorzeichen. Es ging darum, wirkliche Routen zu schaffen und Passagen begehbar zu machen, um den »Touristen« Zugang zu Regionen zu ermöglichen, die nicht nur Bergsteigern vorbehalten sein sollten.

Die Einrichtung des ersten Klettersteigs am Normalweg des Hohen Dachstein in Österreich geht auf das Jahr 1843 zurück. 1869 wurde eine Steiganlage am Großglockner errichtet und ab 1880 wurden kleine Abschnitte an der Ostseite der Brenta gesichert. Die Bocca di Brenta sollte »accessibile anche al Signore«[1] gemacht werden – so lautete das Ziel. Die Idee zur Via delle Bocchette war in manchen Köpfen bereits präsent, und 1886 wurden einige Bänder und Stufen rund um die Tosahütte mit Drahtseilen gesichert. All diese Einrichtungen gehen auf den DÖAV (Deut-

scher und Österreichischer Alpenverein) zurück, da ja vor 1918 das Gebiet zur österreichisch-ungarischen Donaumonarchie gehörte. Im Jahr 1903 hatte der DÖAV die berühmte Cresta Occidentale, den Westgrat der Marmolada, versichert und 1912 wurde durch ihn die Ferrata delle Mèsules (Pößnecker Steig) am Piz Selva eingerichtet. Beide gehören bis heute zu den meist begangenen Routen.

[1] »Auch für Herren zugänglich«. Auch wenn dies das Hauptziel der damaligen Bergführer war, so war allerdings auch die Rede davon, viele Bereiche den Kletterern vorzubehalten und den Zugang zu den großen Gipfeln nicht mit Steiganlagen zu sichern. Diese Absichtserklärung gab bei der Erschließung der Via delle Bocchette die Richtung vor, wurde aber in der Folge oftmals vernachlässigt.

Ein Krieg von unvorstellbarer Grausamkeit

Der Krieg in den Alpen von 1915 bis 1918 war das vorläufige Aus für den Tourismus. Österreichische und italienische Truppen bekämpften sich und versuchten, an der ehemaligen Grenze, die mitten durch die Dolomiten verlief, ihre Stellung zu halten. Sie sicherten die steilsten Felswände mit Holzleitern, bohrten Stollen durch den Berg und unter den Gletschern und versahen bis in die höchsten Höhen Bänder mit Stahlseilen. Diese Leistungen können durchaus zu den erstaunlichsten Abenteuern der Menschheit gezählt werden. Man ist sprachlos angesichts der Strapazen und des Leides, das ein solches Dasein in Kälte und Angst darstellt. Einige der vorgestellten Klettersteige führen an kleineren Museen vorbei, wo bewegende Dokumente dieses grausamen Krieges zu besichtigen sind.

Viele Steige orientieren sich ganz oder teilweise an ehemaligen Kriegswegen. Man trifft dort auf Ruinen, Überreste von Leitern, auf Höhlen oder Holzhütten, vor allem

Im Stollendurchgang am Lagazuoi.

aber durchquert man über hundert Meter lange Stollen, wie am Lagazuoi oder an der Tofana di Rozes. Diese nicht immer interessanten Spuren sind kein hinreichender Grund für die Wahl der einen oder anderen Via Ferrata – ausschlaggebend bleiben die landschaftliche Schönheit oder sportliche Ambitionen –, doch sind sie so zahlreich, dass man nicht ungerührt an ihnen vorübergehen kann.

Von den Olympischen Spielen zum Umweltschutz

In der Zwischenkriegszeit herrschte weitestgehend Stillstand, abgesehen von der Einrichtung der Bocchette-Wege (die 1972 ihren Abschluss fand ...) und der Ferrata Tissi in der Civetta. Ende der fünfziger Jahre kam insbesondere mit der Erschließung der Schiaragruppe wieder Bewegung in die Sache. Vor allem aber zu Beginn der sechziger Jahre entstanden die meisten Klettersteige rund um Cortina d'Ampezzo, nachdem der Tourismus im Anschluss an die Olympischen Spiele von 1956, deren Schauplatz Cortina war, wieder Aufschwung bekommen

Soldaten des italienischen Heeres am Schartenweg.

13

hatte: Die Klettersteige Lipella, Tomaselli, Berti, Roghel und Alleghesi verdanken ihre Existenz den Olympischen Spielen.

Die siebziger Jahre standen im Zeichen der Wiederherstellung der Kriegswege von 1916–18: der Sentiero Ivano Dibona, der Trincèe-Klettersteig, die Strada degli Alpini, der Sentiero De-Luca-Innerkofler … Ein weiteres Anliegen war damals jedoch auch der Bau schwierigerer Klettersteige, wie der berühmte Klettersteig Costantini in der Moiazzagruppe und die Ferrata Stella Alpina auf den Monte Agnèr beweisen. Sie waren zur Förderung des Tourismus in den benachteiligteren Gegenden gedacht – ein Ziel, das allem Anschein nach nicht erreicht wurde. Dafür waren, was die Schwierigkeiten angeht, manche Klettersteigerbauer auf den Geschmack gekommen, und wenn die Ferrata Costantini noch einer gewissen Logik entspringt,

so trifft dies nicht mehr auf die Klettersteige der achtziger Jahre zu, die sehr an das erinnern, was kurz darauf in Frankreich seinen Anfang nahm: Hier sind insbesondere die Ferrata del Monte Albano und die Ferrata de la Rino Pisetta zu nennen, die eher zum reinen Klettern gedacht sind. Während dieser Stil in Frankreich den Beginn der Erschließungen prägte, kündigte er in Italien deren Ende an. Auf die Einrichtung dieser Sportklettersteige folgten zahlreiche Protestaktionen, insbesondere seitens des CAI (Club Alpino Italiano). Es wurden Abkommen unterzeichnet, die die Einrichtung von Klettersteigen ohne kulturelles oder historisches Interesse auf ein bestimmtes Maß begrenzen sollten. Nach 1985 kam es zu keinen nennenswerten Erschließungen mehr, mit Ausnahme der Ferrata Eterna 1987, die auf eine erstaunliche militärische Vergangenheit zurückblickt.

Die Palagruppe von San Martino aus gesehen. Von links nach rechts: Cimon della P

Derzeit kämpft die Umweltorganisation »Mountain Wilderness« für die Abschaffung einiger Klettersteige, deren Existenz sie für unbegründet hält. Das gilt namentlich für die Ferrata Merlone in der kleinen Cadinigruppe, die, wie man betonen muss, ein Meisterwerk der Absurdität ist. Bei näherer Betrachtung sieht man, dass sie aus einer Reihe von »Feuerwehrleitern« besteht, wie »Mountain Wilderness« sie genannt hat, die willkürlich in eine Wand gesetzt sind und über die auch der Abstieg erfolgt; jeder Meter Fels ist blau und gelb gekennzeichnet (als ob man sich hier verlieren könnte!). Außerdem verläuft diese »Ferrata« geradewegs unterhalb eines Geröllfeldes, dem quer verlegte Latten Einhalt gebieten sollen, die aber, wenn sie irgendwann verrottet sind, möglicherweise eine Katastrophe verursachen ... Allerdings war 1998 die Rede davon, diesen Klettersteig abzubauen und weiter rechts

nach logischen Kriterien wieder einzurichten. Was abzuwarten bleibt ...

In den Dolomiten sind seit Ende der achtziger Jahre nur noch sehr wenige neue Klettersteige entstanden. Zu dem Zeitpunkt traten die Franzosen, ohne sich dessen wirklich bewusst zu sein, auf weniger geeignetem Gelände, aber fern der Gipfel, die Nachfolge an.

Es sei noch einmal betont: In Frankreich haben wir es eher mit »touristischen Anlagen« zu tun, die leider allzu häufig auch ausschließlich unter diesem Aspekt betrachtet werden, und die weder die sportliche Dimension noch die Atmosphäre oder die fabelhafte Landschaft der Dolomiten bieten. Zudem mag dem Klettersteiggeher die Rückkehr auf festen Boden bisweilen einige Mühen bereiten ...

... eckt), Rosetta, Pala, Cima di Val di Roda, Sass Maor und Cima della Madonna.

Die Civetta vom Fedaiapass aus gesehen.

Der wuchtige und durch die elegante Nordkante schier endlos in den Himmel strebende Crozzon di Brenta erhebt sich gut 1000 Meter über dem Rifugio dei Brentei.

Die Ferrata Lipella in der gigantischen Westwand der Tofana di Rozes orientiert sich an einem ehemaligen Kriegsweg. Im Hintergrund die Fanesgruppe.

Ehemalige Militärstollen am Paternkofel.

Die »Feuerwehrleitern« in der Ferrata Merlone.

Hinweise

Bei den Routen, die auf den nachfolgenden Seiten beschrieben werden, handelt es sich um eine Auswahl des Autors, der sie zwischen 1995 und 1998 alle selbst begangen hat. Von über 100 Klettersteigen in den Dolomiten bleiben rund dreißig übrig, die schönsten, die »alpinistischsten« und die bekanntesten. Nicht aufgenommen wurden Wanderwege und Normalwege, in denen lediglich ein paar Drahtseilversicherungen auftauchen, Klettersteige, die bei einer mehrstündigen Tour nur wenige Minuten ausmachen, schlecht gesicherte oder gefährliche Steige und schließlich solche im Umkreis von Städten oder in entlegenen Tälern. Viele dieser Wege sind sehr schön und interessant, doch im Rahmen eines Buches über die Klettersteige in den eigentlichen Dolomiten fehl am Platz.

Jeder Routenbeschreibung gehen praktische Angaben voraus. Sie geben Auskunft über die Lage (Name der Berggruppe, nächstgelegene Ortschaft usw.), den Ausgangspunkt (Parkplatz, Hütte, häufig auch Bergbahnstationen), die Gehzeit (Zustieg, Klettersteig, Abstieg), den Höhenunterschied und die Schwierigkeit.

Schwierigkeit: Eine Einteilung in Schwierigkeitsgrade wird hier nicht vorgenommen. Einige versuchen, die für den Klettersport gültige UIAA-Skala auch auf Klettersteige anzuwenden. Abgesehen davon, dass eine solche Übertragung eine gefährliche Vermengung zweier Sportarten zur Folge hat, die nur am Rande miteinander verwandt sind, erscheint eine ausführliche Beschreibung der Schwierigkeiten sinnvoller. In der Tat ist es hilfreich zu wissen, ob man auf ein oder zwei mehr oder weniger lange Passagen trifft, die mit reiner Muskelkraft zu bewältigen sind – ein Detail, das in einer Gesamtbewertung nicht auftaucht, in der auch die Weglänge und die geforderte Ausdauer für eine Tour nicht berücksichtigt werden. Im Hochgebirge sind die beiden letztgenannten Parameter aber von Bedeutung.

Paul Werner (einer der renommiertesten Klettersteigführer-Autoren in Deutschland) kommt zu einem ähnlichen Schluss und hat eine mehrstufige Skala vorgeschlagen, die aus zwei Teilen besteht: Teil 1 bezieht sich auf die klettersteigtechnischen Anforderungen (Exponiertheit, baulicher Zustand, Länge, Anforderungen an die Kraft etc.), Teil 2 auf die alpinen Rahmenbedingungen (Höhenlage, Charakter und Länge der gesamten Tour etc.). Leider hat sich bisher kein allgemein anerkanntes Bewertungssystem durchgesetzt, weshalb in diesem Buch versucht wird, bei den Schwierigkeiten mit einigen knappen Sätzen die jeweils wesentlichen Punkte zu beschreiben.

Das Rifugio Fonda Savio am Fuße des Torre Wundt in der Cadinigruppe. Im Hintergrund die Südansicht der Drei Zinnen.

Es sei darauf hingewiesen, dass auch die Italiener, entgegen manch anders lautender Einschätzungen, über kein einheitliches Bewertungssystem verfügen. Die Angaben sind von Führer zu Führer verschieden, und sehr häufig findet man eine Beschreibung der Schwierigkeit mit Hilfe bildreicher Ausdrücke (z. B. *solo per esperti*: nur für Experten, oder *faticosissimo*: sehr, sehr, sehr anstrengend), die nicht immer sehr aussagekräftig sind.

Zeit: Ein schwieriger Punkt. Mit Rücksicht auf die Anfänger, die die Welt der Vertikale mit Hilfe der Klettersteige für sich entdecken, werden in vielen Führern oft deutlich längere Gehzeiten angegeben – damit die Leute nicht frustriert sind, wenn sie eine bestimmte Weglänge nicht in der für Normalgeher eigentlich machbaren Zeit schaffen. Das Klettersteiggehen in den Dolomiten setzt Vertrautheit mit der Bergwelt, Bergsteigererfahrung und ein Mindestmaß an Gewandtheit voraus. Menschen, die sich auf anspruchsvollen Strecken offenbar nicht wohl fühlen, sollten durch verharmlosende Vorgaben also gar nicht erst ermuntert werden, es dennoch zu versuchen. Nicht nur dass sich das erwartete Vergnügen bei ihnen nicht einstellen wird; durch allzu gemächliches Tempo bringen sie sich in Gefahr (insbesondere bei Schlechtwetter) und behindern andere. Die Zeitangaben in diesem Buch sind nicht knapp bemessen, aber dennoch kürzer als die in italienischen Routenbeschreibungen. Manchmal wird zusätzlich eine sportliche Zeit angegeben, die von einem durchschnittlich trainierten Bergsteiger leicht zu schaffen ist. Es sei daran erinnert, dass es ohnehin nicht sinnvoll ist, gleich am Anfang die schwierigsten Klettersteige zu erstürmen, um die Dolomiten kennen zu lernen, im Gegenteil ...

Hütten: Es gibt sie überall: an den Zufahrtswegen, an den Parkplätzen, am Weg bei den Zustiegen und Routen und manchmal sogar auf dem Gipfel (zum Beispiel auf der Marmolada). Die Preise sind verhältnismäßig günstig, und in einer Hütte des Italienischen Alpenvereins, in der man mit dem Ausweis des DAV die übliche Ermäßigung erhält, kommt man mit zirka 25 Euro für die Halbpension aus, wenn man nicht allzu sehr über die Stränge schlägt. Allerdings gibt es etliche Privathütten, die ihre Preise frei gestalten und zum Teil hoch ansetzen. Insgesamt fallen saisonbedingte Preisschwankungen weitaus niedriger aus als bei Hotels und Ferienunterkünften. Rund um Cortina, wo der Andrang zwischen dem 15. Juli und dem 15. August nur schwer zu ertragen ist, kostet alles mehr.

Die Hütten, von denen die meisten durch Materialseilbahnen versorgt werden, sind in der Regel sehr gut ausgestattet. Manchmal gibt es Duschen mit heißem Wasser, die

Auswahl an Speisen und Wein ist verlockend, der Grappa fließt reichlich, was manche Überschreitung des ursprünglich vorgesehenen Budgets erklärt ... In der Hauptsaison ist es ratsam, sich seinen Platz am Vorabend oder noch früher telefonisch reservieren zu lassen (siehe Telefonliste auf Seite 143). Dennoch haben die Hüttenwirte die ärgerliche Angewohnheit, ihre Plätze in der Reihenfolge der Ankunft zu vergeben, so dass Sie trotz Reservierung vor einem ausgebuchten Schlafsaal landen können. Die zahlreichen kleinen Biwaks sind theoretisch für Personen in Gefahr und für Hilfeleistende reserviert. Dennoch kann man in der Hoffnung, allein zu sein, eine Nächtigung dort in Betracht ziehen (Decken sind meist vorhanden, für Wasser muss man selbst sorgen).

Vorsicht vor zahlreichen Einrichtungen am Rand der Zufahrtsstraßen, die sich selbst die Bezeichnung »Hütte« verliehen haben. Zwar kann es sich durchaus um solche handeln, doch sollte man sicher gehen, dass sie sich nicht als »getarnte« Hotels entpuppen.

Weitere Übernachtungsmöglichkeiten: In den Dörfern und Ferienorten der Dolomiten gibt es zahlreiche Hotels. Die Qualitätseinstufung ist so, dass eine Nacht in einem Drei-Sterne-Hotel, vor allem außerhalb der Saison, durchaus erschwinglich sein kann. In der Hauptsaison muss man allerdings auf der Hut sein, da manche Hoteliers sich nicht scheuen, das Zwei- und Dreifache ihrer normalen Preise zu verlangen. Hier gilt es zu verhandeln.

Hotels, die an den großen Pässen liegen (Pordoijoch, Grödner Joch usw.), bieten außerhalb der Saison Preise an, die sich denen der Hütten stark annähern. Und in der Regel lassen sich mit den Hoteliers problemlos spezielle Übereinkünfte treffen, sogar in der Hauptsaison, sofern noch Plätze vorhanden sind. Manche fahren auch zweigleisig und haben einen Schlafsaal eingerichtet.

Camping ist nach wie vor die preisgünstigste Lösung. Die meisten Gegenden sind als Natur- oder Regionalpark eingestuft und Biwakieren oder wildes Zelten ist (außer im Notfall) verboten. Schon zu früher Stunde patrouillieren Wärter, verwarnen die Camper und verweisen sie auf die ausgewiesenen Plätze.

Eine weitere interessante Lösung: Man miete sich zu mehreren eine Ferienwohnung in einem der Ferienorte, z. B. in

Canazei, Cortina d'Ampezzo, San Martino di Castrozza oder Alleghe. Eine einfache Anfrage per Telefon oder Fax beim örtlichen Fremdenverkehrsamt genügt, sofern man die Sache ein paar Wochen im Voraus in Angriff nimmt. Doch auch hier können die Preise in der Hochsaison das Dreifache betragen.

Ausrüstung: Da bei einer Reise in die Dolomiten auf das Wetter nie Verlass ist, sollte man in jedem Fall die komplette Ausrüstung für das Hochgebirge mitnehmen, das heißt ein Erste-Hilfe-Päckchen, steigeisenfeste Schuhe, warme Kleidung und Regenschutz, Handschuhe, Pickel, Steigeisen, Biwaksack, Notproviant und mehrere Trinkflaschen (in den Dolomiten findet man nur wenig Quellen oder Bäche zum Nachfüllen). Vor Ort entscheidet man dann je nach Route und Wetterverhältnissen (die Wetteraussichten hängen in sämtlichen Städten und Ferienorten zur allgemeinen Information aus), was genau man mitnehmen muss.

Darüber hinaus ist die klassische Ausrüstung für Klettersteige unverzichtbar: Helm, Klettergurt (Hüftgurt und Brustgurt; die Beinschlaufen des Hüftgurts und der Brustgurt wurden in der untenstehenden Skizze aus Gründen der Übersichtlichkeit weggelassen) sowie ein vollständiges Klettersteigset (inklusive Bremsplatte). Dieses Set, dessen Einzelteile aufeinander abgestimmt sein müssen, darf nur komplett verkauft werden, das Seil darf also nicht vom Verkäufer oder vom Kunden selbst in die Bremsplatte eingefädelt werden. Bei der mittlerweile überholten V-Form ist darauf zu achten, dass immer nur ein Karabiner in das Drahtseil eingehängt wird. Besser ist die vom DAV-Sicherheitskreis empfohlene Y-Form, bei der beide Karabiner eingehängt werden können und sollen. Bei den Klettersteigkarabinern ist darauf zu achten, dass sie die Norm erfüllen und eine automatische Verschlusssicherung haben. Karabiner ohne Verschlusssicherung könnten bei einem Sturz brechen und dürfen vom Hersteller nicht als Klettersteigkarabiner bezeichnet werden. Zu empfehlen ist die derzeit neueste Generation von Klettersteigkarabinern, die man beim Einhängen nur gegen das Stahlseil drücken muss, wodurch sich der Verschluss von selbst löst. Beim Aushängen ergreift man diesen Karabiner so, wie man den Schnapper löst. Dieser Karabiner hat eine viel höhere Bruchkraft als die Normen fordern. Etwas umständlicher zu bedienen sind die Karabiner mit Twistlock- oder Schieberverschluss.

Bei der Y-Form der Klettersteigsicherung werden beide Karabiner in das Drahtseil eingehängt

Karabiner mit automatischer Verschlusssicherung und großer Schnapperöffnung

100 cm

Bremsplatte (es gibt verschiedene Modelle)

Bremsseil (läuft im Sturzfall durch die Bremsplatte und fängt die Sturzenergie auf)

100 bis 120 cm

Auch die Mitnahme von strapazierfähigen Lederhandschuhen ist dringend zu empfehlen. Sie erleichtern nicht nur das Greifen am nassen oder senkrechten Stahlseil, sondern schützen auch vor aufgerissenen und rostigen Stahllitzen an alten Seilen. Wenn ein kurzes Seil (beispielsweise an ungesicherten Felsstufen) oder eine Lampe (Stollen) nützlich sind, wird im Text darauf hingewiesen.

Verzichten Sie auf die Begehung von Wegen, die als schwierig gelten, wenn Sie sich Ihres Könnens oder Ihrer körperlichen Verfassung nicht sicher sind, und nehmen Sie keine Anfänger oder unsportlichen Personen mit.

Vorsicht: Viele italienische Klettersteige sind nicht mit Eisenstiften versehen. Sehr oft ist selbst bei Überhängen lediglich ein Drahtseil in der Wand befestigt. Das mag diejenigen Klettersteiggeher überraschen, die an die fast zu gut abgesicherten Steige wie z. B. die Ferrata an der Alpspitze gewöhnt sind.

Das Bivacco Biasin am Monte Agnèr.

Doch dies trifft nicht auf alle Steige zu, und es wird von Fall zu Fall angegeben, welche Art von Ausrüstung erforderlich ist und mit welchen Schwierigkeiten zu rechnen ist.

Karten: Zu den hier aufgeführten Gebieten gibt es ausgezeichnete Karten im Maßstab 1:25.000, 1:30.000 oder 1:50.000 von den Verlagen Tabacco, Kompass oder Lagir Alpina. Eine topografische Karte ist für die meisten der hier beschriebenen Routen unverzichtbar. Angesichts der relativ komplexen An- und Abstiege kommt es ohne sie unter Umständen zu erheblichen Orientierungsschwierigkeiten.

Geführte Touren: Geführte Touren in den Dolomiten kann man bei fast jeder Bergschule buchen. Auch vor Ort gibt es zahlreiche Führer. Sie können sie über die Fremdenverkehrsbüros in den Ferienorten kontaktieren, den *Aziende di Soggiorno*, die in der Regel sehr professionell arbeiten.

Kleines Wörterbuch

Die italienische Beschriftung ist die Regel, die deutschen oder ladinischen Bezeichnungen sind nur selten angegeben.

affolato: überlaufen
andare (auch: salir, superare): hinaufklettern
anello: (Eisen-)Ring, Schlinge, aber auch: Rundweg, Tour
arrampicata: Kletterei
Azienda di Soggiorno: Fremdenverkehrsbüro
baita (auch: capanna): Herberge, Bar, Unterstand
bivacco: Biwak, Biwakschachtel
bocca, bocchetta: Scharte, kleine Scharte
brutto (Tempo): Schlechtwetter
cabinovia: Gondelbahn
campanile: Turm, Felsturm
canalone: Couloir, Rinne
capanna: Hütte
casera: Almhütte
cavo: Drahtseil
cengia: Band
chiodo: Haken
col: Hügel
conto: Rechnung (Restaurant, Hütte)
cordino: Reepschnur
destra (Abk.: dx): rechts
discesa: Abstieg
forcella: Sattel, Scharte, Joch
funivia: Seilbahn
ghiaia: Geröll, Schotter
guglia (auch: gusela): Turm, Felsnadel
guida: der Führer
imbragatura: Klettergurt

malga: Alm, Almhütte
moschettone: Karabiner
mugo (Pl. mughi): Latschen
nebbia: Nebel
neve: Schnee
parete: Felswand
passo: Pass, Joch
picozza: Pickel
pilastro: Pfeiler
punto d'appoggio: Stützpunkt
punto di partenza: Ausgangspunkt
quota: Höhenangabe
ramponi: Steigeisen
rifugio: Hütte, Schutzhütte
rovesci: Schauer
sacco letto: Schlafsack
salita: Anstieg
scala: Maßstab, Schwierigkeitsskala
seggiovia: Sessellift
sinistra (Abk.: sx): links
spigolo: Kante
strapiombante: überhängend
torre: Turm, Felsturm
vedretta: kleiner Gletscher (vor allem in der Brenta verwendete Bezeichnung; andernorts üblich ist: ghiacciaio)
vetta: Gipfel
via ferrata: gesicherter Steig, Klettersteig
zaino: Rucksack

Ivano-Dibona-Höhenweg _____ 1

Lage: Cristallogruppe; der breite Weg folgt im Großen und Ganzen dem Westgrat des Cristallomassivs.

Ausgangspunkt: Rifugio Lorenzi (2932 m); mit dem Sessellift von der Capanna Rio Gere (1680 m) und der Gondelbahn vom Rifugio Som Forca (zur Gondelstation gelangt man auch zu Fuß in 1 Std. ab dem Passo Tre Croci, 1805 m, an der Straße nach Misurina).

Zeit: 4–5 Std. auf dem Steig; 1 Std. Gegenanstieg im Val Padeòn; 40 Min. Abstieg zur Straße.

Höhenunterschied: 1280 m auf dem gesicherten Steig, 400 m Anstieg im Val Padeòn.

Schwierigkeit: Auf kurzen Abschnitten gesicherte Wanderung ohne wirkliche Schwierigkeiten; bis Juli kann der Schnee hinderlich sein, da er stellenweise das Drahtseil verdeckt.

Anmerkung: Auf die Gondel kann man verzichten, wenn man den Weg in umgekehrter Richtung geht; in dem Fall Abstieg vom Passo Som Forca durch das Val Padeòn und Anstieg vom niedrigsten Punkt (1700 m) über den gesamten Steig bis zum Rifugio Lorenzi auf fast 3000 m! Das Abfahren durch das Geröllkar unterhalb der Stahlseile der Bahn geht zwar schnell, aber insgesamt muss man mit 7–8 Std. rechnen.

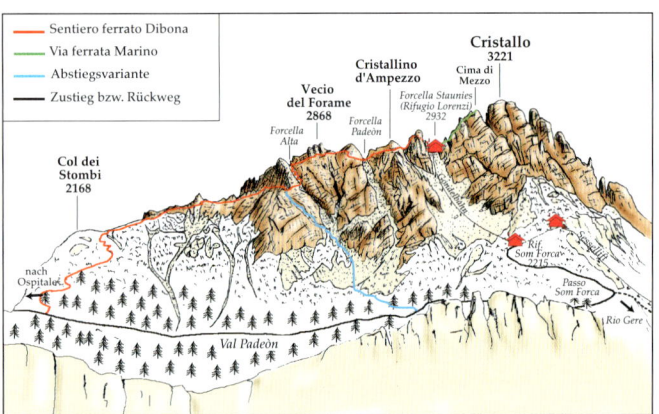

Der Sentiero ferrato Ivano Dibona (benannt nach einem Enkel des berühmten Angelo Dibona) ist vor allem unter einem historischen Blickwinkel interessant. Er verläuft über einen Grat, der noch etliche Spuren aus dem Dolomitenkrieg aufweist. Wie an der Marmolada auch, kann man sehen, dass sich das Militär von der Höhe nicht abschrecken ließ. Die Soldaten verbarrikadierten sich hier in Steinhütten oder Bretterverschlägen.

Der Klettersteig ist nur spärlich gesichert, und es handelt sich eher um eine Höhenwanderung in einer großartigen Landschaft. Fast alle Wanderer fangen am oberen Ende an, wohin sie mit der alten Gondelbahn gelangen, die noch aus der Zeit der Olympischen Spiele in Cortina stammt. An der Bergstation am Rifugio Lorenzi befindet man sich an einem der in ästhetischer Hinsicht außergewöhnlichsten Orte der Dolomiten. Ein Teil des Films »Cliffhanger« mit Sylvester Stallone wurde hier gedreht, und in manchen Szenen ist die 27 Meter lange Hängebrücke zu sehen. Sie wurde in der Tofanagruppe nachgebaut und fällt am Ende des Films einer Explosion zum Opfer ...

Da die Strecke insgesamt etwas eintönig ist, kann man sich auf dem Sentiero ferrato Dibona auch mit ein oder zwei Stunden hin und zurück (bis zur Forcella

Alta) begnügen, wenn man einen Eindruck von dem einstigen Kriegsweg gewinnen oder das Panorama genießen will. Für diejenigen, denen dann der sportliche Aspekt zu kurz gekommen ist, bietet sich beim Rifugio Lorenzi der kleine, 1973 eingerichtete Klettersteig Ma-

rino Bianchi an, der am Nordwestgrat entlang auf die 3154 m hohe Mittelspitze, die Cima di Mezzo führt. Dieser Weg, mit 800 Metern Drahtseil und zwei Leitern ausgestattet, ist heikel, und die Höhe gebietet Respekt. Man gelangt in unmittelbare Nähe des 67 m höhe-

1 – Ivano-Dibona-Höhenweg

Kriegsspuren auf dem Sentiero Dibona.

ren und schwer zugänglichen Cristallo und kann sich am Anblick eines der eindrucksvollsten und schönsten Bergmassive der Dolomiten erfreuen.

Links von der Forcella Staunies und des Rifugio Lorenzi[1], der Bergstation der Gondelbahn (2918 m), führt der Sentiero Dibona über eine Metalltreppe und durch einen kurzen Stollen, bevor er die 27 m lange Hängebrücke »Cliffhanger« erreicht. Nach ihrer Überschreitung kann man einen Abstecher auf den Gipfel des 3036 m hohen Cristallino d'Ampezzo machen. Zurück an der Gipfelabzweigung folgt man dem Grat und steigt über eine Leiter bis zur Forcella Grande (2874 m) hinab. Hinter den Kriegsruinen setzt sich der Weg unterhalb des Grates auf der Cortina zugewandten Seite fort, führt über Holzstege und erreicht die Forcella Padeòn. Dort befindet sich ein alter Militärunterstand (Buffa di Perrero, 2760 m), der als Biwakplatz gedacht war, heute aber verfallen und feucht ist. In der Flanke des Veccio del Forame (2868 m) geht es wieder leicht bergauf, bevor man an die Stelle mit den sich gegenüberliegenden Bändern gelangt (etwas rutschig, aber gut gesichert). Der Weg quert einige Geröllfelder, erreicht eine weitere Scharte und führt dann in Serpentinen bis zu einem großen Geröllkar hinunter, das man gut 200 m weit abfährt. Bei dem Schild mit der Aufschrift: *sentiero chiuso – No!* muss man das Kar verlassen und rechts einem markier-

ten Band folgen. Man gelangt zur Forcella Bassa (2417 m), wo ein Schild eine schwierige Abstiegsvariante auf der linken Seite (nach Süden) anzeigt. Von hier kann man durch ein steiles Couloir das Val Padeòn auf etwa 2000 m Höhe erreichen, wodurch sich der Gegenanstieg zum Passo Som Forca auf 20 Min. und die Gesamtroute um 2 Std. verkürzt. Normalerweise folgt man dem langen Weg über Geröllfelder bis zum Col dei Stombi (2168 m), von wo er sich in Kehren bis auf 1700 m in das Val Padeòn hinunterschlängelt[2]. Für den Gegenanstieg durch das Val Padeòn zum Passo Som Forca (2110 m) hinauf benötigt man eine gute Stunde. Von dort erfolgt der Abstieg unterhalb der Stahlseile des Sessellifts oder über den Weg Nr. 203 zum Passo Tre Croci (in beiden Fällen 40 Min.).

[1] Von der Terrasse des Rifugios folgt der Klettersteig Marino Bianchi dem Nordwestgrat auf den Mittelgipfel des Cristallo. Ein schöner, durchschnittlich schwieriger, aber leider auch viel begangener Steig … (200 m Höhenunterschied, 2 Std. hin und zurück).

[2] Wenn man am Ende des Sentiero Dibona auf der Höhe von 1700 m ankommt, kann man durch das Val Padeòn absteigen und erreicht auf der Straße Cortina – Misurina-Nord innerhalb von 30 Min. Ospitale. Allerdings ist man dann weit vom Ausgangspunkt entfernt, und ohne ein zweites Fahrzeug ist die Rückkehr umständlich (Busverbindung vorhanden).

Santnerpass (2741 m)

Lage: Westseite der Rosengartengruppe; von Bozen aus führt eine Straße direkt nach Carezza (Feriensiedlung Karerpass).

Ausgangspunkt: Rosengartenhütte (2339 m); vom Nigerpass (1668 m) zu Fuß in 2 Std. oder mit dem 1998 renovierten Korblift (Laurinlift). Zum Nigerpass und zur Talstation des Korblifts (Frommer Alm, 1743 m) kommt man über die so genannte Rosengartenstraße, die von Carezza nach Tiers führt (siehe Route Nr. 6).

Zeit: 2 Std. von der Rosengartenhütte zum Santnerpass; 3,5 Std. für den Rückweg zur Rosengartenhütte über das Tschagerjoch (2630 m).

Höhenunterschied: 400 m Aufstieg von der Rosengartenhütte zum Santnerpass; von dort 500 m Abstieg zur Preußhütte; zum Tschagerjoch 390 m Aufstieg; 290 m Abstieg zur Rosengartenhütte.

Schwierigkeit: Kaum Schwierigkeiten; bis Juli kann das Eis hinderlich sein, da es stellenweise das Drahtseil verdeckt; Pickel mitnehmen.

Die Vajolettürme symbolisieren das klassische Bild der Dolomiten. Und das schon seit fast einem Jahrhundert: Damals begann hier mit Tita Piaz, einem aus dem Fassatal stammenden Bergführer, der gemeinhin als der »Teufel der Dolomiten« bekannt war, das »Felsklettern«. Es heißt, die Leute seien bis zur Gartlhütte hinaufgekommen, um das Können und das Showtalent des fluchenden Bergsteigers zu bestaunen. Dies ist also ein mythischer Ort, an dem sich zahlreiche Kletterer einfinden, um die Routen an den Vajolettürmen zu klettern, die viele Vorteile haben: Sie sind nicht allzu lang (etwa 130 Meter),

Am Santnerpass-Klettersteig.

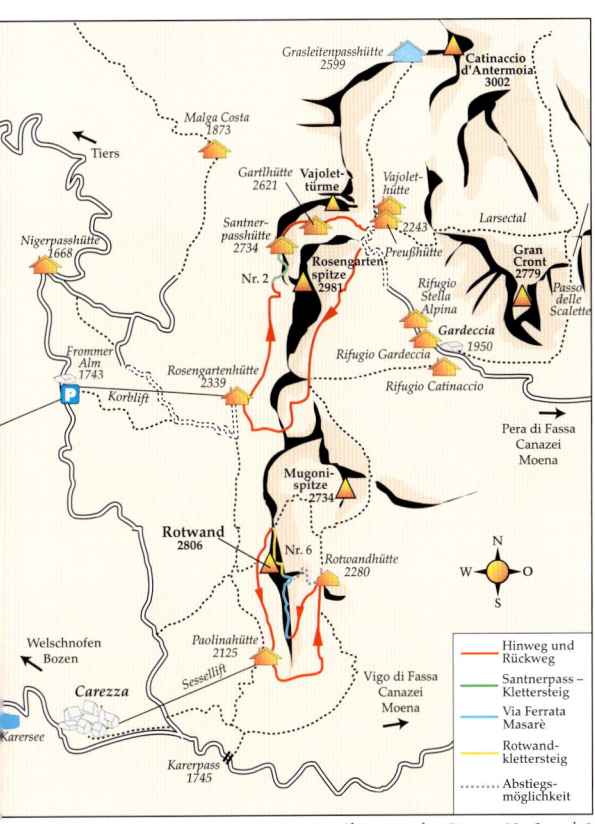

Skizze zu den Routen Nr. 2 und 6

Hinweg und Rückweg
Santnerpass – Klettersteig
Via Ferrata Masarè
Rotwand-klettersteig
Abstiegs-möglichkeit

Der Santnerpass-Klettersteig, der nach dem Bozener Bergsteigerpionier Johann Santner benannt ist, zählt zu den schönsten in den ganzen Dolomiten. Der Klettersteig selbst ist gar nicht so bemerkenswert, vielmehr ist es die Landschaft, die sich öffnet, wenn man in das weite Rund des Gartls eintritt. Hier liegt nämlich das Juwel der Dolomiten: die drei Vajolettürme. Sie sind zwar nicht riesig, aber ihre außergewöhnlich steil aufragende Form ist eindrucksvoll.

bequem zu erreichen und mit Ausnahme der »Steger« im unteren Schwierigkeitsbereich (III bis IV, selbst an der berühmten senkrechten Delagokante).

Eines steht also fest: Der Ort ist alles andere als beschaulich. Die Gemeinden im Fassatal haben versucht, den Zustrom auf der Ostseite durch ein Zufahrtsverbot zu beschränken. Wenn man die Preußhütte in gut einer Stunde erreichen will, muss man den Bus oder ein Taxi nehmen. Aber die Region ist mit sechs Hütten allein

2 – Santnerpass-Klettersteig

auf der Westseite, eine davon direkt am Santnerpass am Ende des Klettersteigs, einfach übererschlossen und fordert damit einen zu starken Andrang förmlich heraus. Um etwas mehr Ruhe zu haben kann man in Betracht ziehen, die Ferrata am Nachmittag zu begehen und in einer dieser Hütten zu übernachten, sofern man reserviert hat (allerdings sind die Preise in dieser Region recht hoch).

Die große Anziehungskraft dieser Gebirgsgruppe kommt nicht nur von ihrer Schönheit, sondern auch von ihrem romantischen Aspekt. Der Name Rosengarten rührt von einer Legende her. Ihr zufolge war das Tierser Tal einst mit »immerblühenden« Rosen bedeckt. Als jedoch skrupellose Händler kamen, hat König Laurin den riesigen Garten verschwinden lassen. Seit jener Zeit lässt der Widerschein der verschwundenen Rosen bei Sonnenuntergang die Felswände des Rosengartens erglühen.

Auch der unweit gelegene Karersee (siehe Route Nr. 6) mit seinen steinernen Sirenen war eine Quelle für zahlreiche Legenden. Der Rosengarten bietet eine Vielzahl ausgesprochen schöner Wandermöglichkeiten, zum Teil mit kleinen Drahtseilpassagen. Besonders empfehlenswert ist die Durchquerung der Larsecgruppe, die man mit der hier beschriebenen Route kombinieren kann.

Nach dem Aufbruch von der Rosengartenhütte lässt man nach einem schrofigen Absatz den Weg Nr. 550 (Rückweg) rechts liegen und zweigt links auf den Schottersteig Nr. 542 ab. Er quert ein breites Geröllfeld und führt zur Südwestseite des Rosengartens. Links überblickt man den ersten, unschwierigen Abschnitt der Route. Nach einer Scharte und einem kurzen Abstieg geht es von einem Turm über einen Steilabsatz abkletternd in eine mit oft beinhartem Schnee gefüllte Rinne hinein. Das Drahtseil ist häufig beschädigt oder unter Schnee begraben. Links geht es in eine Scharte hinauf, bei der letzten steilen Passage helfen noch einmal Stahlstifte, und vom Ausstieg ist es nicht mehr weit zur kleinen Santnerpasshütte (2734 m).

Zu einer weiteren Hütte, der Gartlhütte (2621 m, teuer und von zahllosen Kletterern belagert), gelangt man nach 10-minütigem Abstieg durch das Gartl. Von dort geht es über plattige Geröllabsätze in einer guten halben Stunde steil hinab zur Vajolet- und zur Preußhütte (2243 m, von hier aus empfiehlt sich ein Abstecher in das Larsectal). Der Rückweg führt kurz Richtung Rifugio Gardeccia, dann zweigt man rechts auf den Weg Nr. 541 ab, der unterhalb der Rosengarten-Ostwand Richtung Süden ansteigt. Ostwärts zweigt der Weg Nr. 550 ab, der steil zum Tschagerjoch hinaufzieht und jenseits in steilen Serpentinen zur Rosengartenhütte zurückführt.

Sass Rigais – Ost-West-Überschreitung ————— 3

Sass Rigais (3025 m)

Lage: Geislergruppe, nördlich des Grödner Tals; Zufahrt über die Brennerautobahn und das Grödner Tal, vom Fassatal aus über das Sellajoch und vom Abteital aus über das Grödner Joch.

Ausgangspunkt: Bergstation der Col-Raiser-Kabinenbahn (2104 m); Parkplatz 1 km nördlich von St. Christina; eventuell Regensburger Hütte (Rifugio Firenze), 20 Min. vom Col Raiser; insgesamt ca. 6 Std. entfernt.

Zeit: 2 Std. Anstieg vom Col Raiser zur Scharte 2696 m; 1,5 Std. von der Scharte zum Gipfel; 2,5 Std. vom Gipfel zum Col Raiser; insgesamt ca. 6 Std.

Höhenunterschied: 600 m mit einigen kleineren Gegenanstiegen zwischen dem Col Raiser und der Scharte; 325 m von der Scharte zum Gipfel.

Schwierigkeit: Mäßig schwierig, aber keine durchgehende Sicherung; gute alpine Erfahrung Voraussetzung, einige ausgesetzte Passagen, Markierung auf den ungesicherten Abschnitten ausreichend. Bei verschneiten Wegen meiden!

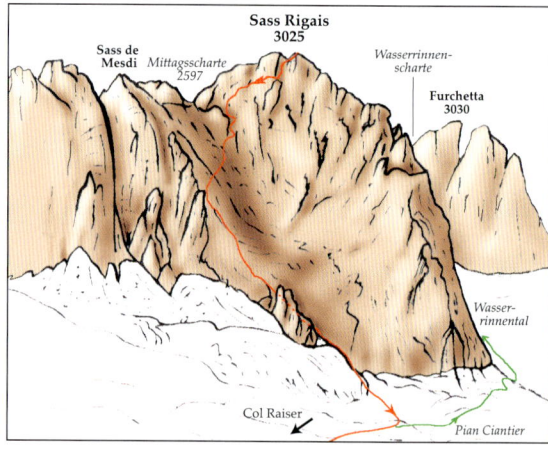

Verglichen mit der ganz in der Nähe liegenden Langkofelgruppe oder der Sellagruppe ist die Geislergruppe eher unbekannt; dabei fehlt es ihr weder an Reizen noch an Größe. Aus den aneinander gereihten schlanken Pyramiden ragen zwei Dreitausender heraus: die Furchetta und der Sass Rigais. Während die Furchetta nicht versichert ist, bietet der Sass Rigais eine abwechslungsreiche Tour, die jeden begeistern wird, der an zerklüftetes Gelände gewöhnt ist und einen freien Horizont schätzt. Dank der Kabinenbahn am Col Raiser lässt sich die Tour gut in einem Tag bewältigen. Die Bahn ermöglicht zudem einen Abstecher ins Grödner Tal.

Die Wanderung beginnt gemächlich inmitten der sanft hügeligen Cislesalm. Der Weg zu den »Odles« (ladinisch für »Spitze«) führt am Fuße der Großen Fer-

Auf der Cislesalm.

meda vorbei. Wer auch nur im entferntesten Kletterneigungen verspürt, wird hier sicher zum Wiederkommen verführt. Die Kletterstellen beim Normalanstieg gehen über III nicht hinaus, erstrecken sich aber über 500 Höhenmeter, und man muss auf demselben Weg zurück. Die Erstbegehung im Jahr 1887 geht auf E. T. Compton zurück, einen der bedeutendsten Alpenlandschaftsmaler.

Man durchquert die Alm bis an den Fuß des Sass Rigais, der zwar nicht übermäßig steil, aber sehr massiv ist. Durch das wilde und steinige Wasserrinnental ansteigend, gelangt man zu der Scharte, die zwischen Sass Rigais und Furchetta verläuft. Hier kommt man sicher nicht in Versuchung, in die Nordseite abzusteigen! Nun beginnt das Kraxeln, zum Teil auf gesicherten Passagen, zum Teil als unschwierige Kletterei (bei fehlender Sicherung ist allerdings Vorsicht geboten). Der Anstieg quert einige Couloirs und Vorsprünge und führt dann in weniger steiles Gelände, von wo aus der Gipfel bequem zu erreichen ist. Dort öffnet sich der Blick auf den Langkofel und die Sellagruppe im Süden sowie auf die österreichischen Gipfel im Norden.

Der Abstieg ist im ersten Abschnitt beeindruckend, dann aber eher unschwierig, sofern man die Farbmarkierungen im Auge behält. Auf halber Höhe wählt man den direkten Weg, der in eine wilde Schlucht aus eigenartig rosa gefärbtem Fels führt. Kommt man von der felsigen, kargen Landschaft auf die sattgrüne Alm zurück, empfindet man das als einen starken Kontrast.

Wenn man im Grödner Tal ist, sollte man es nicht versäumen, die Arbeit der Holzschnitzer kennen zu lernen, eine Handwerkskunst, die dort schon seit dem 17. Jahrhundert ausgeübt wird. Erwähnt sei auch, dass die Wintersportindustrie es hier verstanden hat, das Gleichgewicht zwischen natürlicher und bebauter Landschaft zu wahren. Das überall spürbare Bemühen um Qualität wird nicht zuletzt aus der Werbebroschüre für den Tourismus im Grödner Tal ersichtlich, deren

Aufmachung sich so manch anderer Wintersportort zum Vorbild nehmen könnte! Dort erfährt man von Sagenwesen, die in Baumwurzeln lebten und nach Einbruch der Nacht die Milchkrüge leerten, die ihnen die Bauern hingestellt hatten. Diese wurden zum Dank mit reichen Ernten belohnt …

In der Südwestflanke. Im Hintergrund der Sass de Mesdi.

Vom Col Raiser folgt man in nördlicher Richtung dem Weg, der zu der weiten Cislesalm am Fuße der Großen Fermeda führt. Man folgt seiner Verlängerung nach Osten (rechts) und wandert leicht abwärts zum Weideboden Pian Ciantier (2332 m) und zu einer Weggabelung. Der rechte Weg führt ins Wasserrinnental, wohin uns unsere Route bringt, der linke zur Mittagsscharte (Forcella de Mesdi), über die der Rückweg erfolgt (1 Std.). Nach einigen Kehren steigt man durch das Wasserrinnental an. Der zunächst sanfte Anstieg wird zur Scharte hin immer steiler und schroffiger. Die Wasserrinnenscharte (2696 m, 1 Std. vom Pian Ciantier) trennt den Sass Rigais (links) und die Furchetta (rechts) voneinander. Den roten Markierungen unterhalb des Grates bis zu den ersten Drahtseilen folgen (westwärts). Die Route führt in einem Linksbogen über die Ostflanke des Sass Rigais. Im abschüssigen Bereich unterhalb des Gipfels die rote Markierung nicht aus den Augen verlieren. Ein Drahtseil sichert den letzten Abschnitt des Anstiegs, der am Grat entlang zum Gipfel (Kreuz) führt.

Der Abstieg erfolgt auf dem luftigen, aber gesicherten Südgrat, dann nach rechts in die anfangs sehr steile Südwestflanke (Drahtseile). Man gelangt zu einer abfallenden Wandstufe, wo man in ungesicherten Kehren nach rechts hinabsteigt (rote Markierung). An der folgenden Abzweigung lässt man den Weg zur Mittagsscharte rechts liegen und steigt direkt in die Rinne ab, die von der Scharte herabzieht. Durch die mit Drahtseilen versicherten Schuttrinnen (Holzstege!) hinab an den Fuß der Schlucht, die sich zu einem Geröllkar ausweitet. Nun auf dem Weg zum Pian Ciantier hinab und auf dem Anstiegsweg zurück.

Oskar-Schuster-Steig ————————————— 4

Plattkofel (2964 m)

Lage: Langkofelgruppe; Zufahrt über die Brennerautobahn und das Grödner Tal oder von Canazei zum Sellajoch.

Ausgangspunkt: Sellajochhaus (2180 m) nördlich unterhalb des Sellajochs; mit der Gondelbahn zur Bergstation Langkofelscharte (2522 m), wo die Toni-Demetz-Hütte (2681 m) liegt. Von dort in 45 Min. auf einem steilen Weg zur (oft überfüllten) Langkofelhütte (2253 m) hinunter.

Zeit: 1 Std. von der Langkofelhütte zum Einstieg; 1,5 Std. auf dem Steig; Abstieg: 1 Std. vom Plattkofel zur Plattkofelhütte (2300 m); 1,5–2 Std. zurück zum Sellajoch.

Höhenunterschied: 428 m Abstieg von der Toni-Demetz-Hütte zur Langkofelhütte. Von hier 710 m Aufstieg zum Plattkofel, davon ca. 400 m auf gesichertem Steig.

Schwierigkeit: Knifflige Route über gestuften Fels und Bänder in zerklüftetem Gelände vor eindrucksvollem Hintergrund; wenig Drahtseilpassagen. Da sich Eis und Schnee in den tief eingeschnittenen Rinnen, über die der Weg verläuft, lange halten, ist es vor allem zu Beginn der Saison ratsam, Steigeisen mitzunehmen. Auf Steinschlag achten!

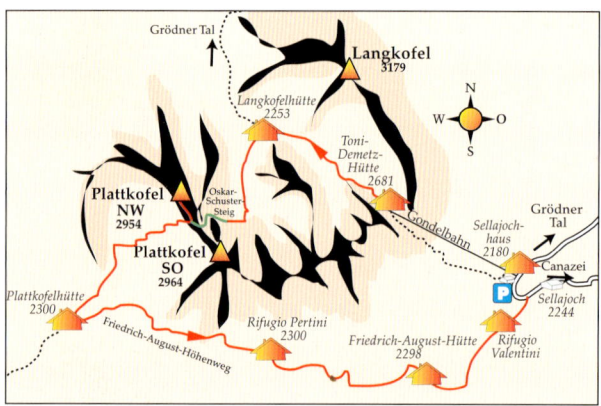

Der Gipfel des Plattkofel ist besonders leicht über die Südflanke zu erreichen und wird sehr häufig begangen, hauptsächlich von Deutschen. In diesem Teil des Grödner Tals wird immer noch viel Deutsch gesprochen und für die meisten Gipfel, Täler etc. haben sich die deutschen Bezeichnungen erhalten (z. B. Langkofel für den Sassolungo). Viele Südtiroler sind auch noch des Ladinischen mächtig. Etliche Begriffe aus der rätoromanischen Sprache, z. B. *lech* (See) oder *piz* (Gipfel), werden einem auf einer Wanderung hier immer wieder begegnen.

Von der Toni-Demetz-Hütte steigt man zur Langkofelhütte ab. Hier beginnt der Aufstieg. Der markierte Weg windet sich unter den Wänden der Langkofelspitze hinauf zum trümmerübersäten Plattkofelkar und von dort weiter über (ein oft hartes) Schneefeld zum Einstieg an einem Felsvorbau. Über diesen Vorbau teils mit Hilfe von Drahtseilen, teils in unschwieriger Kletterei hinauf. Ein Band führt zu einem kleinen Kar, bevor man über einige Felsstufen zu einer Scharte gelangt. Man quert oberhalb einer eindrucksvollen Eisrinne über eine heikle Drahtseilpassage, dann führen sehr luftige Bänder nach links zu einer kleinen, oft eisgefüllten Rinne. Über gestuften Fels und ein breite, unschwierige Geröllrinne zum Gipfel.

Abstieg: Ein Geröllweg schlängelt sich über die riesige, teils steile Westabdachung in 1 Std. zur Plattkofelhütte (2300 m) hinunter. Von dort führt der Friedrich-August-Höhenweg (Nr. 594) unter den felsigen Südwänden des Massivs entlang. In gemütlichem Auf und Ab geht es am Rifugio Sandro Pertini (2300 m) vorbei zurück zum Sellajoch.

In Zusammenhang mit den Felswänden der Dolomiten wird oft das Adjektiv »riesig« verwendet – nicht zu unrecht, denn angesichts dieser Bergwelt verschlägt es einem regelmäßig den Atem. Und wer sich zum Langkofel aufmacht, versteht erst recht, was gemeint ist. Die Wände des Gipfels, der dem Massiv seinen Namen gegeben hat, sind bis zu 1000 Meter hoch. Doch so richtig unscheinbar fühlt man sich erst im Innern des Hufeisens, das diese Felslandschaft bildet. Es gibt nur wenige Gruppen, die so leicht zugänglich sind und wo man die Steilheit der Wände so hautnah spüren kann. Inmitten dieses wilden Felsenlabyrinths befindet sich der Oskar-Schuster-Steig, eine Mischung aus Bändern und Rinnen, die lange vereist sind. Furcht erregende Überhänge oder endlose Drahtseile sucht man hier vergebens. Vielmehr handelt es sich um eine schöne Wanderung mit grandiosen Tiefblicken vor einer Kulisse, die man als typisch für die Dolomiten bezeichnen kann.

Rechts der riesige Langkofel.
Die Gondelbahn führt zur Scharte in der Mitte.

De-Luca-Innerkofler-Steig und Schartenweg _ 5
Paternkofel (2744)

Lage: Drei-Zinnen-Gruppe; 15 km nordöstlich von Cortina; der Paternkofel ist der Gipfel, der sich unmittelbar neben den Drei Zinnen erhebt.

Ausgangspunkt: Rifugio Auronzo (2320 m) am Ende der von Misurina zu den Drei Zinnen führenden Mautstraße.

Zeit: 1 Std. bis zur Drei-Zinnen-Hütte (2405 m); 1,5 Std. zum Gipfel des Paternkofel über den De-Luca-Innerkofler-Steig; Rückweg über den Schartenweg 1 Std.; Abstieg über das Kar und Steig Nr. 104 zum Parkplatz 1 Std.; insgesamt: 4,5 Std. (2 Std. zusätzlich für den Aufstieg zum Toblinger Knoten – siehe Kasten).

Höhenunterschied: Gut 100 m vom Rifugio Auronzo zur Drei-Zinnen-Hütte; von dort 339 m auf den Paternkofel.

Schwierigkeit: Einige luftige Abschnitte, doch nur an einer kurzen Felsstufe vor dem Gipfel des Paternkofel ist Kraft in den Armen gefragt. Das Panorama ist überwältigend und übertrifft den sportlichen Aspekt des Steigs.

Anmerkungen: Man kann die Route auch in umgekehrter Richtung gehen. Reger Betrieb herrscht in beiden Richtungen. Allerdings verläuft der Zugang zum Schartenweg von Süden her über ein Schuttkar, das sich natürlich bequemer abfahren lässt. Oder man geht zur Büllelejochhütte, was jedoch weit ist.
– Ob in der einen oder anderen Richtung: Den kurzen Steig auf den Toblinger Knoten sollte man sich auf keinen Fall entgehen lassen.
– Für die zahlreichen Stollen auf dem De-Luca-Innerkofler-Steig auf jeden Fall eine gute Taschenlampe mitnehmen.

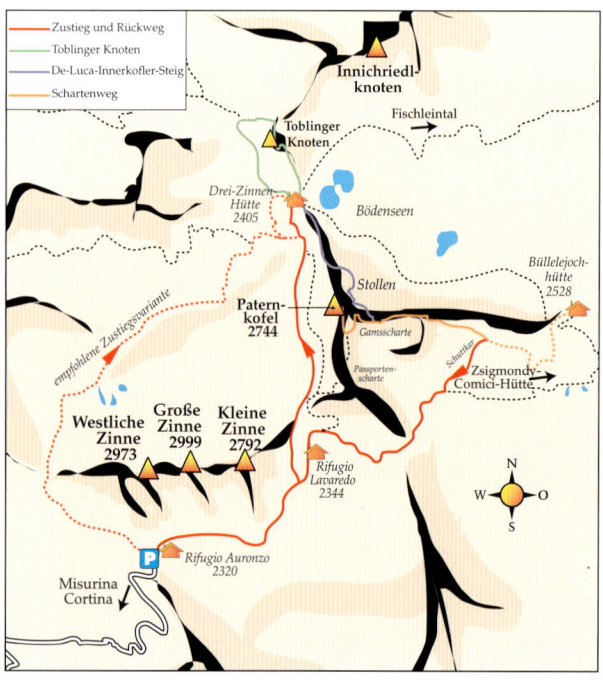

Man befindet sich hier am berühmtesten Fleck in den Dolomiten: bei den Drei Zinnen, die als Wahrzeichen der Dolomiten gelten. Will man das Dreigestirn von hier aus in Augenschein nehmen, muss man die 5 Kilometer lange Zufahrtsstraße teuer bezahlen und auch noch Dutzende von Reisebussen in Kauf nehmen.

Doch es lohnt sich: Man bewegt sich zwischen diesen außergewöhnlichen Gipfeln meist mit dem Blick nach oben gerichtet, und im Verlauf der hier vorge-

schlagenen Route kann man die »Tre Cime« von allen Seiten bewundern: von unten und oben, von fern und aus der Nähe. Welche Ansicht nun die schönste ist, darüber lässt sich streiten. Zweifellos sind die Südwände eine Augenweide, und insbesondere die »Gelbe

Kante« an der Kleinen Zinne ist wohl der schönste Anblick, der sich einem Kletterer hier bietet.

Berühmtheit erlangte der Ort durch die senkrechten Nordwände und die dort vollbrachten Meisterleistungen eines Comici, Cassin, Desmaison oder Ma-

5 – De-Luca-Innerkofler-Steig und Schartenweg

zeaud. Wer jedoch an diesem bedeutenden Kapitel des Alpinismus weniger Anteil nimmt, den mag ihre Schroffheit auch abschrecken.

Sepp Innerkofler war ein berühmter Bergführer, der 1915 im Kampf um den Paternkofel fiel. Um den nach ihm und De Luca benannten Steig begehen zu können, muss man von den Zinnen erst noch ein Stück weiterwandern. Der Weg war zwischen 1915–18 auch eine Verteidigungslinie; man trifft auf Überreste von Holzstegen, Höhlen und Stollen, die von Soldaten angelegt wurden. Diese Stollen durchziehen in außergewöhnlicher Weise den Gipfelkamm des Paternkofel. Einige davon durchwandern wir auf der vorgestellten Route. Heute sind die italienischen Soldaten, denen man oft in Kompaniestärke begegnet, zum Glück nur noch zu Übungszwecken unterwegs.

Das Panorama steht im Vordergrund bei dieser mäßig schwierigen Tour. Der kleine Toblinger Knoten wird auch diejenigen zufrieden stellen, die ihre Arme etwas mehr beanspruchen wollen. Beim Anstieg hat man die Gelegenheit, eine eher untypische Dolomitenlandschaft zu entdecken: zwei blaugrüne Seen, die auf der Bödenalpe zwischen Paternkofel und Innichriedlknoten glitzern. Steigt man in dieses Tal hinab, gelangt man durch das Altensteiner Tal zum Fischleintal, von

wo aus man die Popera-Umrundung und den Alpinisteig in Angriff nehmen kann. Den Alpinisteig kann man aber auch vom Ende des Schartenweges über die Zsigmondy-Comicihütte erreichen.

Vom Rifugio Auronzo folgt man unter den Südwänden der Drei Zinnen dem Weg nach Osten. Hat man die fabelhafte »Gelbe Kante« der Kleinen Zinne passiert, erreicht man das Rifugio Lavaredo. Etwas oberhalb erkennt man rechts den Weg Nr. 104, über den der Rückweg erfolgt. Über den Paternsattel und unterhalb der Westwand des Paternkofel queren. (In der Nähe des Gipfelaufbaus befindet sich die Gamsscharte: Hier treffen der De-Luca-Innerkofler-Steig, der Schartenweg und der Steig von der Passportenscharte aufeinander.) Links kann man die grandiosen Nordwände der Drei Zinnen bewundern. (Noch besser sieht man sie, wenn man sich vom Parkplatz bei der Auronzohütte nach links wendet und den Weg Nr. 105 einschlägt, der um sie herumführt. Er ist weniger überlaufen, man geht aber 40 Min. länger.)

An der Drei-Zinnen-Hütte kann man einen kurzen Abstecher auf den kleinen Klettersteig am Toblinger Knoten unternehmen (siehe Kasten S. 39) oder nur wenig oberhalb der Hütte direkt in die De-Luca-Innerkofler-Route einsteigen.

5 – De-Luca-Innerkofler-Steig und Schartenweg

Die Nordwände der Drei Zinnen. Von rechts nach links:
die Westliche Zinne, die Große Zinne, Punta di Frida und die Kleinste Zinne (die Kleine Zinne wird von der Großen Zinne verdeckt).

Der Nordwestkamm des Paternkofel, über den der De-Luca-Innerkofler-Steig verläuft.

Auf dem Schartenweg. Links der Gipfel des Paternkofel und die Gamsscharte, in die der De-Luca-Innerkofler-Steig mündet.

5 – De-Luca-Innerkofler-Steig und Schartenweg

Ein kleiner markanter Felsturm markiert den Beginn des Steigs: das »Frankfurter Würstl«. Kurz darauf betritt man den ersten Stollen mit vielen Durchbrüchen, der direkt durch den sehr schmalen Grat verläuft. Nach einem langen, dunklen und steilen Stollen, der mit Treppen ausgestattet ist, und einem weiteren, eher horizontal verlaufenden, gelangt man an der Ostflanke wieder ins Freie. An einem Drahtseil entlang erreicht man eine Art Rampe, die steil, aber komfortabel zur Gamsscharte führt.

Links zweigt der Schartenweg ab. Rechts erreicht man über Felsstufen und einen kurzen, ungesicherten Aufschwung das Gipfelkreuz. Vom Gipfel zurück zur Gamsscharte. Will man die Begehung an dieser Stelle beenden, gelangt man rechts (Süden) unschwierig zur Passportenscharte mit ihrem rechteckigen Durchbruch und hinunter zum Paternsattel.

Schartenweg: Man folgt einem Bändersystem, das auf der Südseite des Ostgrates entlangführt. Nach vielen An-

Paternkofel in der Mitte ragt über den Bödenseen auf.
dem Zwölferkogelmassiv (3094 m), rechts die Drei Zinnen.

und Abstiegen gelangt man an eine Stelle oberhalb einer großen Scharte. Man steigt in sie hinunter und auf der anderen Seite wieder hinauf und erreicht nun einfacheres Gelände. Jetzt gilt es nur noch, einem guten Weg im oberen Bereich der Schuttfelder auf der Südseite zu folgen. Bergab geht es mühelos auf einem gut sichtbaren Pfad, der nach kurzer Zeit auf den Weg Nr. 104 trifft. Oder man folgt weiter der (gemächlicheren) Route nach Osten und erreicht den Weg Nr. 104 kurz vor der Büllelejochhütte (2528 m). Weiter Richtung Westen gelangt man wieder zur Lavaredo- und Auronzohütte.

Aufstieg am Toblinger Knoten neben Überresten
von Holzleitern aus dem Krieg.

Der »Mini-Klettersteig« am Toblinger Knoten

15 Minuten von der Drei-Zinnen-Hütte entfernt erhebt sich der Toblinger Knoten (2617 m), der eindrucksvoll Zeugnis vom Ersten Weltkrieg gibt. Der Leiternsteig, der gut hundert Meter durch die Nordwestwand empor führt, ist sehr steil und mit 17 Stahlleitern versichert. Daneben sind Überreste hölzerner Leitern aus dem Krieg zu sehen. Der

Gipfel bietet zweifelsohne den besten Panoramablick auf die Drei Zinnen. Der kurze, unschwierige Drahtseilabstieg durch die Ostflanke (Feldkurat-Hosp-Steig) führt an der ehemaligen »Adlerwache« vorbei. Auf- und Abstieg lassen sich von der Drei-Zinnen-Hütte aus in weniger als zwei Stunden bewältigen.

Via ferrata Masarè und Rotwand-Klettersteig _ 6

Rotwand (2806 m)

Lage: Südliche Rosengartengruppe; Carezza (Feriensiedlung Karerpass), Gemeinde Welschnofen (siehe Route Nr. 2).

Ausgangspunkt: Paolinahütte (2125 m), die man von Carezza aus mit dem Sessellift erreicht oder vom Karerpass (1745 m) auf gutem Weg in 1 Std. (vom Karerpass kann man auf dem Weg Nr. 549 in 1 Std. 45 Min. auch direkt zur Rotwandhütte, 2280 m, gehen).

Zeit: Von der Paolinahütte zur Rotwandhütte 45 Min.; Rotwandhütte – Punta Masarè – Rotwand 3 Std. 15 Min.; Abstieg auf dem gesicherten Nordgrat zum Vajolonpass 45 Min.; von dort zur Paolinahütte 1 Std. 15 Min; insgesamt: 6 Std. (bei Sesselliftbenützung auf dem Hin- und Rückweg).

Höhenunterschied: 681 m von der Paolinahütte zur Rotwand; geringfügig mehr mit den Gegenanstiegen auf dem Masarè-Kamm.

Schwierigkeit: Der Masarè-Klettersteig beinhaltet einige senkrechte, mäßig schwierige Passagen und führt bisweilen luftig zwischen wilden Grattürmen hindurch. Eine kurze Passage oberhalb der Fensterlwand ist schwierig und kann ungeübten Gehern Probleme bereiten. Der restliche Abstieg über den Rotwand-Klettersteig ist unschwierig.

Anmerkung: Es handelt sich um zwei verschiedene Klettersteige, die aber auf derselben Gratlinie liegen. Es ist also nahe liegend, sie miteinander zu verbinden, zumal der zweite einen unschwierigen und schönen Abstieg ermöglicht. Dank einem versicherten direkten Zustieg von der Rotwandhütte kann man auch jeden Steig einzeln angehen.

Siehe Skizze zu Route Nr. 2 (Santnerpass-Klettersteig), S. 25.

Die Rotwand ist auch bei unsicherer Wetterlage ein mögliches Tourenziel: Ausdauer ist nur in Maßen gefragt, die Hütten sind nirgends sehr weit entfernt, an mehreren Stellen gibt es Notabstiegsmöglichkeiten und der Abstieg ist schnell zu bewältigen. Der Masarè-Klettersteig, der über einen stellenweise zerklüfteten Grat führt, bleibt dennoch recht heikel, und die Höhe der Rotwand ist auch nicht zu unterschätzen.

Für den von Westen Anreisenden kann die Feriensiedlung Karerpass eine erste Anlaufstation sein, denn sie ist von Bozen bequem zu erreichen. Bei der Gelegenheit bietet sich ein Abstecher zu einem See an, den man wohl als den schönsten See der Alpen bezeichnen kann und der nicht ohne Grund ringsum eingezäunt ist: Der Karersee ist so sauber, dass man selbst von weitem bis auf den Grund sieht. Mitten aus diesem einmaligen Juwel ragen natürliche Steinskulpturen heraus. Gegenüber der Rotwand bilden die Latemartürme, eine Vielzahl spitzer Berggipfel, die Krönung dieser ausnehmend romantischen Kulisse.[1]

Von der Paolinahütte nimmt man den Weg Nr. 549, der die Punta Masarè südlich umrundet. Hinter einem Bronzeadler (Christomannos-Denkmal) quert der Weg noch bis zur Rotwandhütte, bevor er links ansteigt (in nordwestlicher Richtung ermöglicht ein anderer Steig den Anstieg zwischen den beiden Klettersteigen unterhalb des bei Kletterern sehr beliebten Fensterlturms). Man folgt dem Weg in südwestlicher Richtung über Geröllfelder hinauf bis zum Südgrat der Punta Masarè. Das Drahtseil führt zunächst in die Westflanke und dann über einen steilen Aufschwung, bevor man den Grat erreicht. Auf Steigspuren geht es in einen spektakulären Kamin, dann führen versicherte Bänder in die Ostflanke und ein längerer Abstieg bringt uns hinunter zu einem steilen Grasrücken. Etwas oberhalb zweigt ein Weg zur Rotwandhütte ab. Bald steht

man vor dem kreuzgeschmückten Fensterlturm, in dessen Wand man das »Fenster« (ein riesiges natürliches Felsloch) entdeckt. Wenig später steigt man in eine tiefe Scharte und quert ein teilweise senkrechtes Wandstück hinab (anspruchsvollste Passage des Steigs, häufig zu Beginn der Saison noch Schnee, Pickel ratsam). Über eine Leiter und Stufen erreicht man den grasigen, oben flachen Osthang, der zum Gipfel der Rotwand führt.

Abstieg: Der Nordgrat ist komplett mit Drahtseilsicherungen ausgestattet und führt zum Vajolonpass (2560 m) hinunter. Von dort gelangt man über eine häufig schneegefüllte Rinne zum Weg Nr. 549, der unter der gelben Wand der Rotwand quert und zurück zur Paolinahütte führt.

[1] Von Obereggen aus kann man den Einstieg des Klettersteigs erreichen, der eine attraktive Durchquerung der Latemargruppe möglich macht.

Boèseekofel-Klettersteig —————————— 7

Boèseekofel (2911 m)

Lage: Ostseite der Sellagruppe.

Ausgangspunkt: Bergstation des Vallon-Sessellifts (2553 m) vom Crep de Mont, hierher mit dem Sessellift, der an der Straße Arabba – Corvara 500 m nach dem Campolongosattel (1875 m) beginnt. Man kann vom Sattel auch zu Fuß aufsteigen (2 Std.) und in der Franz-Kostner-Hütte (einige Minuten von der Bergstation) übernachten. Eine neue Kabinenbahn, die von Corvara direkt zum Crep de Mont führt, bietet eine dritte Möglichkeit für den Anstieg.

Zeit: 20 Min. Zustieg; 1,5 Std. für den Klettersteig (sportliche Zeit: 40 Min.); Abstieg: empfehlenswert ist der hübsche Steig Nr. 646 (einige Leitern und Drahtseile), der in 1 Std. zur Vallon-Sessellift-Talstation führt. Von dort auf gutem Weg in 30 Min. zum Campolongosattel.

Höhenunterschied: Zustieg von der Bergstation unwesentlich (aber 750 m beim Anstieg zu Fuß); gut 200 m Klettersteig und 100 m zum Gipfel.

Schwierigkeit: Am Anfang einige heikle Aufschwünge (nur mit straff gespannten Drahtseilen versichert), im zweiten Abschnitt zwei lange, recht eindrucksvolle senkrechte Leitern.

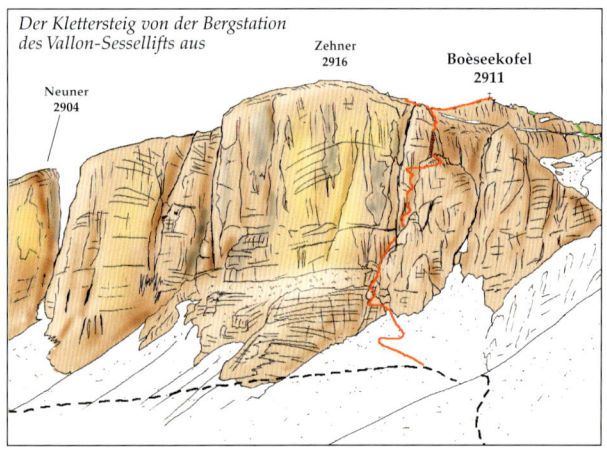

Der Klettersteig von der Bergstation des Vallon-Sessellifts aus

Neuner 2904

Zehner 2916

Boèseekofel 2911

Dies ist auch eine Tour, die man bei unbeständigem Wetter ins Auge fassen kann. Da sich der Anstieg mit einer Fahrt im Sessellift bewerkstelligen lässt, muss man vergebliche Mühen eines Fußmarsches nicht beklagen. Darüber hinaus ist der Klettersteig nicht sehr lang. Aber er ist trotzdem lohnend, zum einen wegen seines sportlichen Teils zu Beginn, aber vor allem, weil er den Blick auf eines der schönsten Dolomitentäler freigibt: das Val de Mesdi, der einzige Taleinschnitt in der ansonsten blockförmigen Sellagruppe. Das Val de Mesdi steigt bis unterhalb des Piz Boè an, dem höchsten Punkt der Gruppe (3152 m). Trotz seiner Höhe wirkt er recht rundlich neben den schmal aufragenden, herrlich gezackten Berggipfeln, die das kleine Tal umrahmen. Einige sehr markante Spitzen zieren den Gipfelkamm des Boèseekofel, die schönsten aber sieht man auf der anderen Seite, vor der Pisciadùspitze

und der Pisciadùhütte (siehe Pisciadù-Klettersteig, S. 78): Daint de Mesdi, Bec de Mesdi und Pisciadùturm.

Die Namen stammen aus dem Ladinischen, das noch immer zum lokalen Kulturgut gehört. So bedeutet *Piz da Lech de Boè* nichts anderes als *Spitze des Boèsees*, bei der *Daint de Mesdi* handelt es sich um die Mittagszacke, und wenn *Sass dles Nu* der Zeiger ist, der neun Uhr anzeigt, so steht *Sass dles Diesc* für zehn Uhr. Nicht weit von hier, in der Marmolada, findet man übrigens auch den *Sass dles Undesc* (elf) und den *Sass dles Doudesc* (zwölf). In den Dolomiten stößt man häufig auf italienische Entsprechungen, in der Fanesgruppe beispielsweise auf den *Sasso delle Nove* (neun) und *delle Dieci* (zehn), in der Poperagruppe auf die *Cima Undici* (elf), die vom Alpinisteig umrundet wird (siehe S. 110).

An der Bergstation des Sessellifts auf einem guten, leicht ansteigenden Weg nach rechts queren, dann bergab zu einer Wegverzweigung unterhalb der Wand. Rechts kurz bergan zum Einstieg am Fuße eines großen, zerklüfteten Einschnittes, rechts von einem glatten, überhängenden gelben Turm. Das Drahtseil führt über steile Felsstufen, dann nach rechts querend in eine Schlucht.

Von dort in die Ostflanke, wo zwei senkrechte Leitern den Anstieg über eine glatte Wand ermöglichen. Eine Felsstufe und Bänder leiten auf ein weites, schuttbedecktes Gelände und dann zum Gipfelgrat, dem man nach rechts bis zum kreuzgeschmückten Gipfel folgt.

Abstieg: Auf der anderen Seite des Gipfelkreuzes dem Grat einige Meter bis zu einem steilen Weg folgen, der in die Geröllhänge der Ostwand führt. Von dort sieht man die Leitern am Anstiegsweg. Auf markiertem Weg überwindet man über mehrere Klammern einen fast senkrechten Felssockel. An der Abzweigung rechts kann man auf einem gesicherten Steig die Sessellift-Bergstation erreichen. Geradeaus gelangt man zu einer weiteren Abzweigung, an der man rechts zum Boèsee hinabsteigen kann. Es empfiehlt sich, links den Weg Nr. 646 einzuschlagen, der mit Hilfe einiger Drahtseile einen kleinen Gipfel (2386 m) nördlich umrundet und dann zur Talstation des Sessellifts führt. Von dort mit dem Sessellift vom Crep de Mont oder über einen guten Pfad zum Campolongosattel zurück.

Am Ende des heiklen ersten Abschnitts.

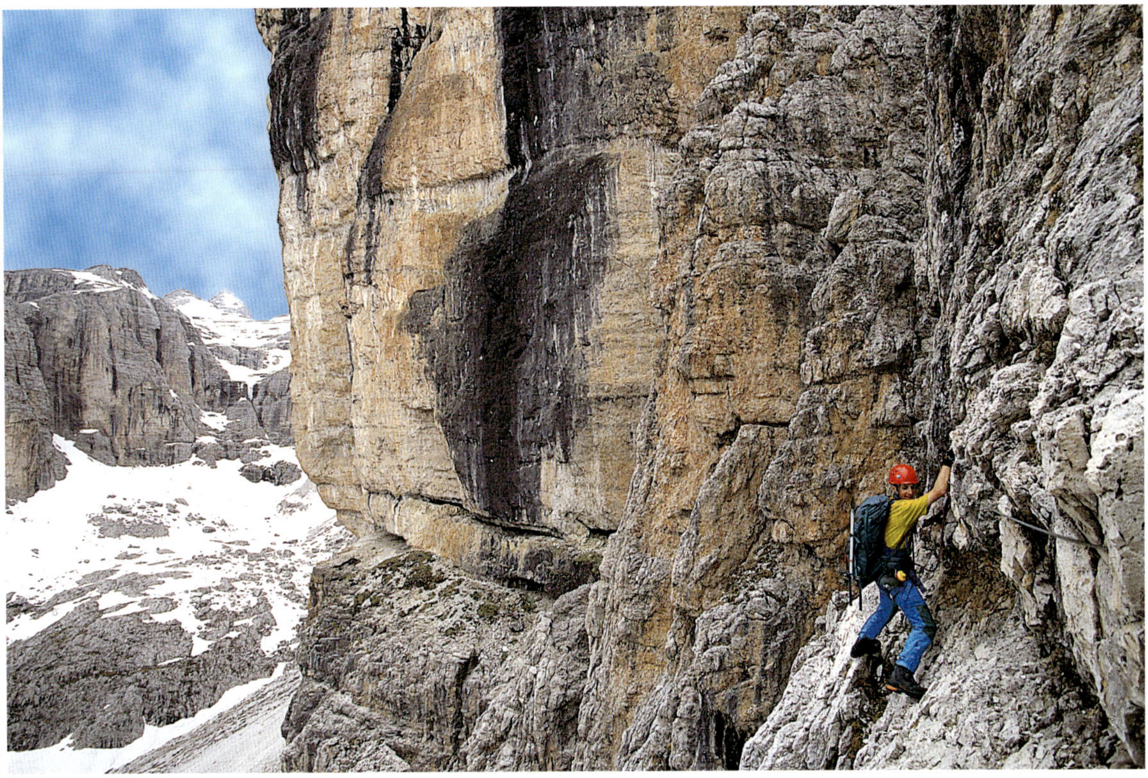

Über diese beiden langen Leitern gelangt man zum Gipfelgrat.

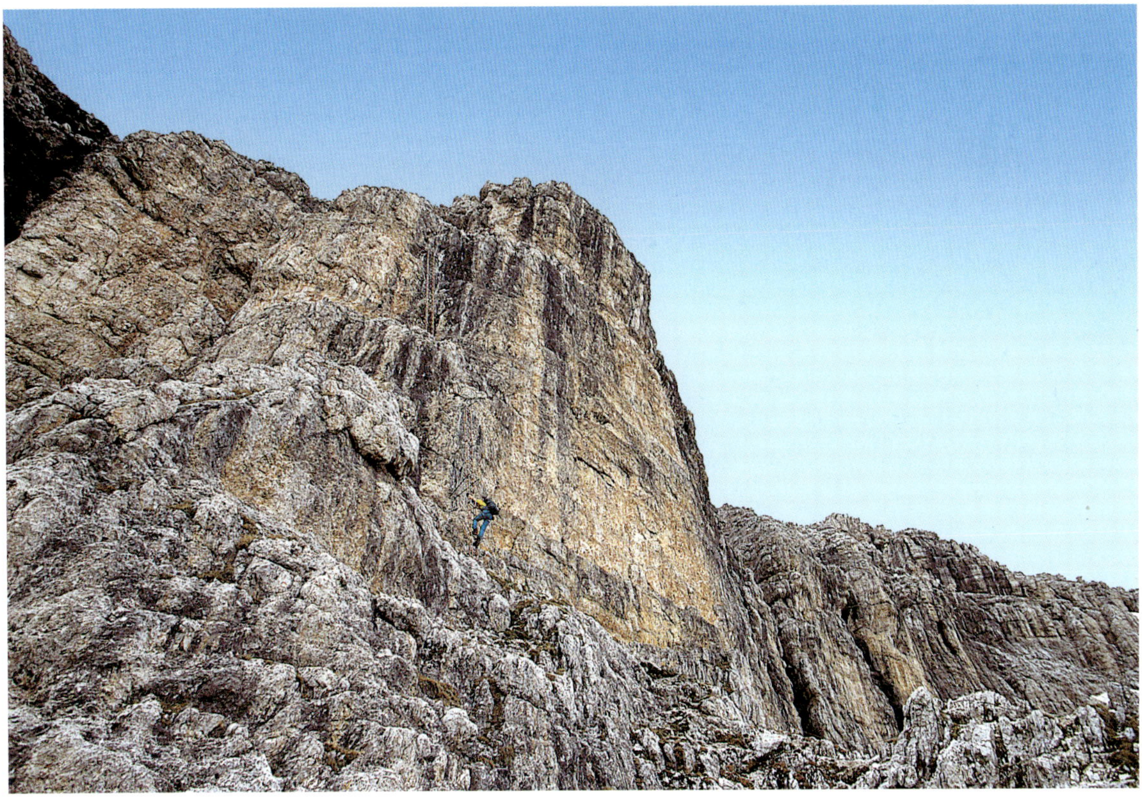

Forcella del Marmor (2586 m)

Lage: Palagruppe; das Val Canali öffnet sich einige Kilometer von Fiera di Primiero entfernt an der Straße zum Passo di Cereda.

Ausgangspunkt: Rifugio Treviso-Canali (1631 m), das man vom Parkplatz (1300 m) im Val Canali erreicht.

Zeit: Zur Hütte 1 Std.; Zustieg 2 Std.; Klettersteig 1 Std.; Abstieg über den Sentiero dei Vani Alti 3 Std.

Höhenunterschied: 330 m zur Hütte, 760 m Zustieg, 200 m Klettersteig; Höhe der Kletterpassage am Sentiero dei Vani Alti knapp 200 m.

Schwierigkeit: Klassischer Klettersteig ohne »athletische« Passagen; die meiste Zeit kann man ohne Zuhilfenahme des Drahtseils hinaufklettern. Der Sentiero dei Vani Alti konnte (wegen fehlender Genehmigungen) nie vollständig versichert werden, aber es gibt an den Bändern große Griffe für die Hände. Trittsicherheit, Schwindelfreiheit und Kletterfertigkeit erforderlich, unerfahrene Geher sollten in dem ausgesetzten Gelände angeseilt werden.

Anmerkung: Wer im Rifugio Treviso übernachtet, kann sich oberhalb der Hütte an einer extrem schwierigen Mini-Ferrata versuchen, der Ferrata del Canalone. Dabei handelt es sich um eine außergewöhnlich steile »Stilübung« auf etwa 50 m. Der Steig soll den Zugang zu den Kletterrouten an der Punta della Disperazione erleichtern. Von der Hütte knapp 1 Std. hin und zurück.

Der Ausstieg in der Nähe des Bivacco Reali.

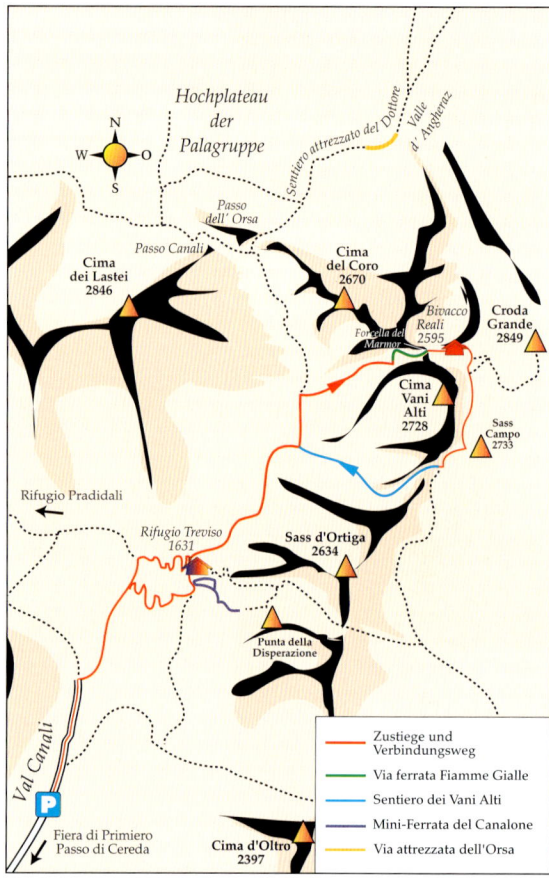

Die Ferrata der »gelben Flammen« darf nicht mit der gleichnamigen, sehr viel schwierigeren an der Palazza Alta in der Civetta verwechselt werden (siehe S. 132). Die hier beschriebene liegt versteckt am Ende eines schmalen Geröllkessels. Sie hat eher Hochgebirgscharakter und bietet eine spannende Rundtour in einer einmaligen Landschaft. Einige der eindrucksvollsten Pala-Gipfel lassen sich von hier aus bewundern: der sehr schlanke Sass d'Ortiga, der Sass Maor (mit einer der berühmtesten Dolomitenansichten) und die Cima del Coro. Ein amerikanischer Fallschirmspringer verfing sich in einer Felsspalte und konnte sich nicht mehr befreien. Für den Schriftsteller Dino Buzzati, der die Gegend über alles liebte, war das der Stoff zu einem seiner Romane. Das Plateau, zu dem man über die Forcella del Marmor gelangt, ist übrigens das Gegenstück zum Hochplateau der gegenüberliegenden Palagruppe, dessen Mondlandschaftscharakter Buzzati zu seinem Buch *Il deserto dei Tartari* (dt. *Die Tatarenwüste*) inspiriert hat.

Vom Rifugio Treviso auf gutem Weg (Nr. 707) Richtung Talschluss des Val Canali queren. Weiter vorn geht es unschwierig über mit großen Felsblöcken übersäte Geröllfelder und man kommt an der Einmündung des Sentiero dei Vani Alti vorbei, über den der Rückweg erfolgt. Etwas später biegt man rechts in ein enges Tal ab und verlässt den Weg Nr. 707, der zum Passo und zur Via attrezzata dell'Orsa[1] führt. Der Weg wird schlechter, im Geröllfeld vor der Felswand auch mühsam. Dorthin gelangt man, nachdem

Aufbruch im Val Canali. Im Hintergrund die Cima del Coro, rechts davon beginnt die Ferrata Fiamme Gialle.

Beim Abstieg sieht man den Sass Campo.

man einen großen, frei stehenden Felsbuckel rechts umrundet hat. Der Steig beginnt mit Querungen nach links, dann steigt man auf der rechten Seite der schluchtartigen Rinne an, bis man die Forcella del Marmor (2586 m) erreicht. Von hier sind es nur noch wenige Minuten bis zum Bivacco Reali (2595 m, 6 Schlafplätze, guter Zustand, Decken vorhanden), das sich auf einem herrlichen Plateau gegenüber der Croda Grande (2849 m) befindet. Von dort kann man zuerst links (ostwärts) absteigend, dann vom Sattel vor dem Gipfelstock in leichter Kletterei (I) aufsteigend in 1 Std. auf den Gipfel gelangen, der ein bemerkenswertes Panorama bietet.

Zum Sentiero dei Vani Alti dagegen geht es in der Flanke der Cima Vani Alti etwa hundert Meter südwestlich bergauf bis zu dem Sattel, von dem aus man die schlanke Form des kleinen Sass Campo (2733 m) aufragen

sieht. Hinab in ein breites Geröllkar bis zur Forcella Vani Alti (2500 m). Dort beginnen die Schwierigkeiten: In der gestuften Westwand führen abfallende Bänder in einer spektakulären Zickzacklinie (zahlreiche Passagen mit unschwieriger Kletterei) 200 m hinunter, und man erreicht durch das steile Kar den Anstiegsweg.

[1] Bei diesem Weg – auch Sentiero attrezzato del Dottore genannt –, den man von der Nordseite aus beschreitet (Valle di San Lucano, dann Valle d'Angheraz), sind auf insgesamt 1700 Höhenmetern nur knapp 200 Meter versichert! Von Interesse ist er in zweifacher Hinsicht: zum einen historisch gesehen, denn es ist der erste Weg, der nach dem Ersten Weltkrieg entstand (1925), zum anderen ermöglicht er Einblicke in die »Wüste der Tartaren« (das Pala-Hochplateau) und beeindruckende Ausblicke auf den Monte Agnèr und dessen Nordwand, mit 1600 m die zweitgrößte Wand der Alpen nach der Eiger-Nordwand (siehe S. 122).

Via ferrata dei Finanzieri ——————— 9

Colàc (2715)

Lage: Marmoladagruppe; südlich von Canazei.

Ausgangspunkt: Alba (1517 m), 3 km von Canazei; mit der Ciampac-Seilbahn zur Bergstation auf 2147 m.

Zeit: Von der Bergstation zum ersten Drahtseil 30 Min.; Klettersteig 1,5–2 Std.; Abstieg 1,5 Std.

Höhenunterschied: Etwa 600 m vom kleinen See am Fuß der Felswand bis zum Gipfel.

Schwierigkeit: Die Schwierigkeiten dieser Ferrata werden vielfach überschätzt. Tatsächlich gibt es keine wirklich »athletische« Passage, die Felswand ist durchgehend gestuft, und die einzige – recht kurze – steile Passage ist mit guten Leitern versichert. Der Abstieg ist relativ problemlos, da sich an heiklen Abschnitten Drahtseilsicherungen befinden.

Blick auf den Colàc von der Bergstation der Ciampac-Seilbahn

Colàc 2715

Abstieg

Leitern

Kleiner (künstlicher) See

Die *Finanzieri* sind Zöllner, die auch eine alpine Ausbildung erhalten haben, und sie hatten die Idee für diesen Klettersteig. Mit ein wenig Fantasie hätte sich die Route reizvoller gestalten lassen; stattdessen ist lediglich ein Drahtseil über die Stufen des Colàc gespannt, dessen Verlauf nicht gerade logischen Gesichtspunkten gehorcht. Der einzige Vorzug dieses für die Dolomiten untypischen Gipfels liegt in seiner zentralen Lage, umgeben von so namhaften Gruppen wie Rosengarten, Langkofel oder Marmolada. Die Route wurde wegen des einmaligen Panoramas und des außergewöhnlich schönen Abstiegs vis-à-vis der Marmolada ausgewählt. Die Überschreitung des Colàc nimmt einen halben Tag in Anspruch, wenn man bis zum Rifugio Contrin geht, von dem aus man am nächsten Tag den Westgrat der Marmolada besteigen kann. Man kann also die Via ferrata dei Finanzieri am Nachmittag begehen, wenn das Gelände trockener und sonnenbe-

schienen ist, denn der morgendliche Schatten verleiht dieser von Haus aus nicht gerade ästhetischen Wand zusätzlich etwas Unheimliches.

Von der Seilbahn ostwärts hinunter zu einem kleinen See. Von dort über Kehren durch den Schuttkegel unterhalb der Wand zum Fuß einer großen Wandstufe, die rechts von Überhängen gesäumt ist. Sie ist nur mit einem Drahtseil ver-

Blick vom Colàc auf die wolkenverhangene Marmolada, deren Gipfel sich mitten im August schneebedeckt präsentieren. Es ist die berühmte, 800 Meter hohe Südwand, die man hier im Profil sieht, links davon der Gran Vernel.

sichert, doch da sie nicht sehr steil und zudem sehr griffig ist, kommt man mühelos voran, es sei denn, die Platte ist nass – was nicht selten der Fall ist. Vorsicht vor Steinschlag! Von der Platte gelangt man auf steilen Leitern in das gut gestufte, schrofige Gelände, das sich bis zum Gipfel hinzieht.

Abstieg: Am Gipfel zeigt ein auffälliges Schild (Ciampac) den Rückweg an, der zunächst in eine Geröllrinne auf der anderen Seite führt und dann erst auf der einen, dann der anderen Seite des Grates (Drahtseil) verläuft, um schließlich recht steile, drahtseilgesicherte Rinnen zu erreichen, die man hinabsteigt. Der Weg zweigt rechts ab[1] und führt ansteigend nach hundert Metern zur Forcia Neigra (2509 m), von wo aus man nach Ciampac absteigt.

[1] Will man zum Rifugio Contrin (2016 m), geht man geradeaus in den Rinnen weiter und folgt dann Weg Nr. 613 und 608 (1 Std.).

Marmolada-Westgrat _____ 10

Marmolada (3343 m)

Lage: Marmoladagruppe; über die vergletscherte Nordseite und die *Cresta Occidentale* oder *Cresta Ovest* gelangt man auf den höchsten Gipfel der Dolomiten.

Ausgangspunkt: Fedaiasee (2053 m); von hier führt ein Sessellift (ab 8.00 Uhr) zum Pian dei Fiacconi (2625 m); zu Fuß nur 1 Std., da man schon weiter unten Richtung Westen quert. Viele Bergsteiger erreichen die Marmoladascharte über die Südseite vom Rifugio Contrin (2016 m) aus, das man von Alba (bei Canazei) in 2 Std. erreicht. Eine anstrengendere und längere, aber auch ruhigere Variante ...

Zeit: 1,5 Std. Anstieg über den Gletscher; 2 Std. Klettersteig bis zum Gipfel (wegen des Andrangs kaum schneller zu schaffen); Abstieg 1,5 Std.

Höhenunterschied: Von der Bergstation des Sessellifts (2625 m) zur Marmoladascharte am Beginn des Klettersteigs 285 m (bei allerdings leicht absteigender Querung innerhalb der ersten halben Stunde); 447 m auf dem Westgrat.

Schwierigkeit: Am Grat sind selbst die weniger steilen Platten mit Eisenklammern versichert. Die schattigen Stellen sind manchmal vereist und können dadurch Schwierigkeiten bereiten. Beim Abstieg gibt es am Anfang heikle Passagen (bei Ausaperung des Gletschers nur mit Steigeisen!), und auch die Randkluft kann problematisch sein (30-Meter-Seil mitnehmen).

Anmerkung: Auf Grund der historischen Bedeutung und der Höhe ist dies eine der am meisten begangenen Routen in den Dolomiten; auf dem Klettersteig steht man in der Regel Schlange.
– Begehung meist erst ab Anfang Juli bis September; entscheidend sind die Witterungsverhältnisse (stark aufweichende Altschneereste im Frühjahr und Neuschneefälle im Spätsommer sind zu beachten).
– Für den spaltenreichen Abstieg auf dem Normalweg ist eine Gletscherausrüstung unverzichtbar (Steigeisen, Pickel, Seil).

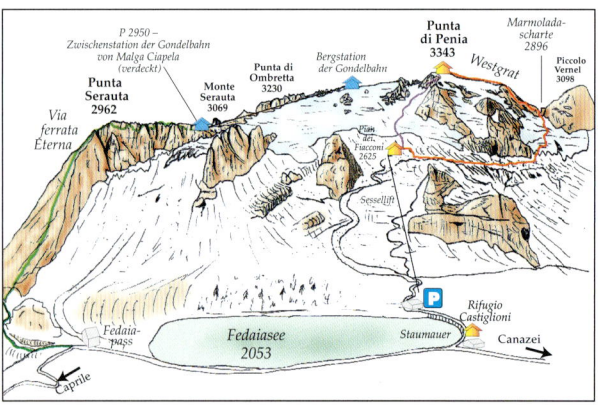

Skizze zu den Routen Nr. 10 und 21

*A*ttenzione, ferrata affollata (Klettersteig überfüllt) wäre das passende Schild am Fuß des Westgrates des höchsten Dolomitengipfels, denn hier heißt es anstehen. Der Nimbus dieses riesenhaften, durch und durch asymmetrischen, aber letztlich leicht zu besteigenden Berges zieht ganze Scharen an, und Wartezeiten entlang der gesamten Route sind unumgänglich. Ei-

ne Lösung gibt es: Die relativ kurze Strecke ist auch bei einem Aufbruch am Nachmittag noch zu schaffen. So profitiert man von der Sonne, zumal der Schnee ohnehin ab zehn Uhr matschig wird ... Voraussetzung für die Nachmittagsvariante ist allerdings eine stabile Wetterlage; keinesfalls dürfen Gewitter im Anzug sein, die

man in dieser Höhe und in dieser Gegend ganz besonders fürchten muss.

Dies ist praktisch die einzige Route in den Dolomiten, bei der man die Hälfte der Zeit im Schnee unterwegs ist. Man kann sie in vier verschiedene Abschnitte unterteilen:

– Anstieg auf einem ungefährlichen und nicht steilen Gletscher
– große, mit Eisenklammern versicherte Platten
– der Grat, der sich über der 800 Meter hohen Südwand erhebt (die technisch anspruchsvollste Wand der Dolomiten, ein Treffpunkt für Kletterer und ein Muss

Großer Andrang auf dem Westgrat.

für all jene, die sich für die Geschichte des Kletter-
sports interessieren)
– Abstieg auf dem spaltenreichen Gletscher. Vom Gipfel geht es auf einem bisweilen vereisten Grat bergab,
auf dem unter Umständen Steigeisen benötigt werden.

Die Atmosphäre und die Höhe dieses großen Fels-
massivs, das nicht gerade typisch für die Dolomiten
ist[1], liefern keine hinreichende Begründung für die Beliebtheit dieses Klettersteigs. Die Geschichte spielt
auch eine Rolle, denn mit der *Cresta Occidentale* wurde
1903 die erste große Via ferrata eingerichtet. Über den
Grat verlief die Grenze zu Österreich, und die Einrichtung des Klettersteigs geht auf den damaligen Deutschen und Österreichischen Alpenverein (DÖAV)
zurück. 1918, nach dem schrecklichen Kriegsgesche-
hen in den Dolomiten, an das einige bewegende Zeug-

nisse entlang der Route erinnern, befand er sich auf
italienischem Boden. In Wirklichkeit handelt es sich
um die einzige Ferrata, die von den Soldaten auch
tatsächlich benutzt wurde, denn außer ihr gab es vor
Kriegsbeginn keinen Klettersteig entlang der ehemaligen Grenze.

Den Gipfel der Marmolada ziert heute eine bewirt-
schaftete Schutzhütte. Es ist verständlich, dass manche
Umweltverbände gegen die übermäßige Erschließung
der Berge Sturm laufen. Noch mehr Hütten, Biwak-
schachteln, Seilbahnen, all das nimmt den Bergen
ihren wahren Charakter. Sollte man die Bergsteiger
nicht lieber für die Bergwelt sensibilisieren und sie
besser über die damit verbundenen Risiken informie-
ren, statt sie in trügerischer Sicherheit zu wiegen und
ihnen letztlich Verantwortung abzunehmen?

[1] Aus einem ganz einfachen Grund: Der weiße Kalkstein der
Marmolada – bei Kletterern für seine Festigkeit und sein glattes Aus-
sehen berühmt – ist kein Dolomit. Das ursprüngliche Kalkgestein
wurde durch den metamorph umgewandelten Kalk, namentlich
durch Marmor (*marmol*, daher auch der Name Marmolada) vor der
Verwitterung geschützt und hat sich nicht in Dolomit verwandelt.

Von der Bergstation des Sessellifts steigt man auf dem
Weg Nr. 606 ab, um den steilen Felssporn zwischen
den Gletscherarmen zu umgehen. Hinter diesem Sporn
geht es über den nicht sehr steilen Vernelgletscher, zuletzt
über Felsstufen, zur Marmoladascharte hinauf. Von der anderen Seite kommen über Eisenklammern die Bergsteiger

Am Westgrat, im Hintergrund der Gran Vernel, unten der kleine Gletscher, über den der Zustieg erfolgt.

10 – Marmolada-Westgrat

Auf dem großen Gipfelschneefeld.

Blick von der Toni-De...

Einstieg an der Marmoladascharte.

Heikle Felspassage beim Abstieg.

e am Langkofel auf Marmolada, Gran Vernel und Colàc bei Sonnenuntergang.

herauf, die den Anstieg über das Rifugio Contrin gewählt haben. Nach einem gerölligen Grat und einem ehemaligen Militärunterstand führt eine häufig vereiste Querung zu einer glatten Felsstufe, die mit einer langen Reihe fast hundert Jahre alter Eisenklammern versichert ist (Steinschlaggefahr!). Nach einem Felszacken nach links über eine manchmal verschneite Rampe gelangt man auf den Grat, auf dem man trotz der steil abfallenden, 800 Meter hohen Südwand leichter vorankommt. Man gelangt dann zum Gipfelschneefeld, das rasch zum Gipfel leitet. Dort befindet sich eine Hütte, die mehr an ein Ausflugslokal als an eine Schutzhütte erinnert.

Abstieg: Der Abstieg beginnt auf dem schneebedeckten Grat zwischen Hütte und Kreuz (heikel, Steigeisen oft notwendig). Bei den roten Markierungen verlässt man den Grat und klettert rechts die etwa hundert Meter hohe schrofige Ostwand des Grats über Rinnen und Kamine ab (Sicherung für Ungeübte empfohlen). Man erreicht den spaltenreichen, zerklüfteten Marmoladagletscher, den man nur angeseilt begehen sollte, und steigt zum Pian dei Fiacconi hinab, das von unzähligen Schaulustigen in Beschlag genommen wird.

Via ferrata Giovanni Lipella

Tofana di Rozes (3225 m)

Lage: Tofanagruppe; 12 km westlich von Cortina d'Ampezzo.

Ausgangspunkt: Rifugio Angelo Dibona (2050 m), das man über eine kleine, befahrbare Straße erreicht. Sie zweigt auf 1698 m von der Falzaregopassstraße ab.

Zeit: Zustieg 1,5 Std.; vom Stolleneingang zum Gipfel 4 Std. (sportliche Zeit 2,5 Std.); nach 2,5 Std. erreicht man auf 2694 m einen Notabstieg, auf dem man in 20 Min. das Rifugio Giussani (2561 m) erreicht; Abstieg vom Gipfel zum Rifugio Giussani 1 Std., von dort zum Rifugio Dibona 40 Min.

Höhenunterschied: 360 m Anstieg; 775 m vom Stolleneingang zum Gipfel. Die eigentliche Ferrata besteht vor allem aus langen Querungen auf Bändern, zunächst bis auf eine Höhe von 2694 m, wo sich der (Not-)Abstiegsweg über die Tre Dita eröffnet. Dann kann man über ein Band und das schöne Amphitheater unterhalb des Gipfels bis 3027 m aufsteigen. Von dort lässt sich der Gipfel bequem in ca. 30 Min. erreichen.

Schwierigkeit: Viele Bänder und Stufen ohne Sicherung. Die drahtseilgesicherten Stellen sind nicht schwierig. Dennoch benötigt man eine gewisse Hochgebirgserfahrung für diese Route, die nach einer Schlechtwetterperiode selbst im Sommer vielfach über verschneite und sogar vereiste Passagen führt. Die Bildung von Eiszapfen in der gesamten Wand stellt eine Gefahr dar, da diese beim ersten Tauwetter auf die Route niedergehen.

Anmerkung: Für die Durchquerung des Stollens ist eine Lampe unverzichtbar. Bei außergewöhnlich viel Schnee mindestens einen Pickel mitnehmen.

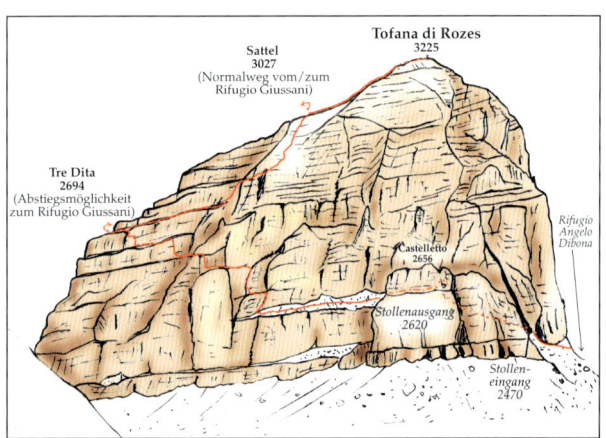

Die Ferrata Lipella verdankt ihre Entstehung den Olympischen Spielen von Cortina. Durch sie erfuhr der örtliche Tourismus einen solchen Aufwind, dass zu Beginn der sechziger Jahre gleich mehrere Routen dieser Art eingerichtet wurden.

Zwei wesentliche Gründe sprechen allerdings dafür, dass dieser Weg ohnehin eines Tages angelegt worden wäre. Zum einen die Geschichte, liefert doch der Stollen, der über 150 Höhenmeter verläuft, eines der erstaunlichsten Zeugnisse für den Krieg in den Dolomiten. Zum anderen handelt es sich bei der Tofana di Rozes um einen der schönsten und höchsten Dolomitengipfel. Diese Ansammlung von Türmen, Pfeilern und

Kanten ist überaus eindrucksvoll. Allerdings führt die Ferrata Lipella nicht durch die mächtige Südwand. Der Zustieg verläuft unterhalb und führt zu dem Eingang des Stollens (Galleria del Castelletto), der den Wechsel von der einen Wandseite in die andere ermöglicht. Der

Aufstieg erfolgt über ein System aus Stufen, Bändern und Amphitheatern in der Westwand, die der beeindruckenden Südwand in nichts nachsteht. Vom Tomaselli-Klettersteig an der Südlichen Fanesspitze (siehe Route Nr. 27) lässt sich dieses Universum in Augenschein nehmen. Eine noch bessere Vorstellung von der Größe der Wand bekommt man, wenn man sich klar macht, dass die Via ferrata Lipella sie auf einer Länge von fast zwei Kilometern von Süden nach Norden komplett durchquert. Der Weg besteht aus einer Abfolge

11 – Via ferrata Giovanni Lipella

von Querungen auf Bändern, die durch einige nicht steile Stufen miteinander verbunden sind. Die Stimmung ist unvergleichlich und ausgesprochen typisch für die Dolomiten. Man möchte es kaum für möglich halten, dass man in einer solchen breiten Wand problemlos »spazieren gehen« kann.

Auch die Soldaten im Krieg von 1915–18 haben dies getan, und der Steig ist nicht nur logisch angelegt, sondern auch historisch interessant. Neben dem bereits erwähnten spiralförmigen Stollen finden sich weitere Kriegszeugnisse bei den Tre Dita (den »Drei Fingern«) – drei kleine Türme, in die unzählige Verstecke gegraben sind – sowie auf dem Abstieg in der Nähe des Rifugio Giussani, das zwischen den drei Tofanen liegt, einer der magischsten Orte in den Dolomiten.

Bewegt denkt man an Angelo Dibona, den großen Bergführer aus Cortina, der sich am liebsten in der Gegend der drei Tofanen aufhielt.

Vom Rifugio Angelo Dibona in wenigen Minuten zur Station des Lastenaufzugs des Rifugio Giussani. Dort beginnt der Steig Nr. 442, der nach kurzer Querung steil

Am Eingang zum Militärstollen beginnt der Klettersteig.

zu einem Schuttfeld ansteigt und unterhalb der Südwand der Tofana auf ein Band trifft. Diesem nach links bis zu einer Abzweigung folgen. Auf dem ansteigenden Weg in 10 Min. zum Stolleneingang auf etwa 2460 m. Im ersten Abschnitt über Metallleitern, danach eher steiler und rutschiger Aufstieg. Auf etwa 2580 m gelangt man am Pass zwischen Castelletto und Westwand wieder ins Freie. Danach folgt man leicht absteigend einem breiten Geröllband bis zu drahtseilgesicherten Stufen; es folgt eine Reihe von Bändern, die durch Stufen miteinander verbunden

Über mehrere hundert Höhenmeter schlängeln sich die Bänder empor: ein ideales Klettersteiggelände.

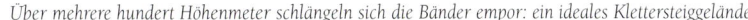

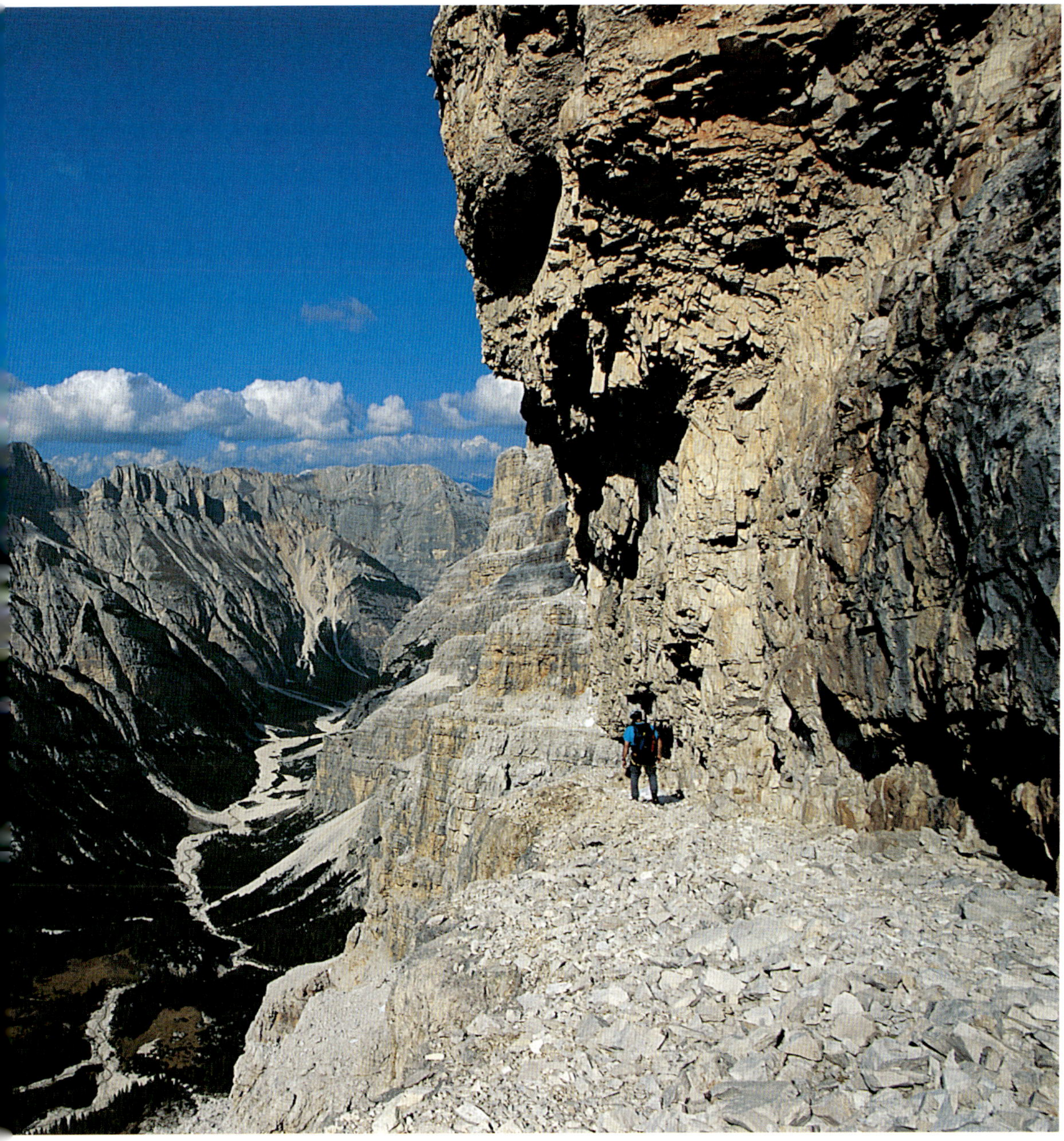

sind. Über sie erreicht man das andere Ende der Wand auf 2694 m. Links ist der Hinweis »Cantore« zu lesen (der Name der alten Hütte, an deren Stelle heute das Rifugio Giussani steht). Hier zweigt die bereits erwähnte Abstiegsvariante ab. Die nächsten paar Meter sind jedoch ein Muss, denn von dort hat man Blick auf die Tre Dita, drei kleine Türme auf einem schönen Felsvorsprung, in die 1916 für Kriegszwecke verschiedene Höhlen gebohrt wurden. Zu ihrer Rechten befinden sich die Ruinen eines kleinen Forts. Das Rifugio Giussani erreicht man problemlos immer geradeaus über einen horizontalen Weg in 20 Minuten.

Für den weiteren Anstieg zum Gipfel (Hinweis »Cima«) muss man lange nach rechts auf einem Band queren. Über eine steile Wandstufe erreicht man ein herrliches Amphitheater, das diagonal ansteigend bis zum Sattel auf 3027 m durchquert wird. Dort stößt man auf den Normalweg, der vom Rifugio Giussani heraufführt, und in weniger als 30 Min. ist man am Gipfel. Der Abstieg erfolgt über den Normalweg auf der Nordostseite.

Bocchette-Weg ⎯⎯⎯⎯⎯⎯⎯⎯⎯⎯⎯⎯

Lage: Brentagruppe.

Ausgangspunkt: Madonna di Campiglio, Grostè-Gondelbahn.

Zeit: In einem Tag zu bewältigen, wobei jeder Abschnitt auch als eigene Tour begangen werden kann.

Höhenunterschied: Man bewegt sich in einem ständigen Auf und Ab zwischen 2500 und 3000 m.

Schwierigkeit: In den steilen Passagen ist der Klettersteig reichlich mit Leitern gesichert; Drahtseile sind, wo nötig, vorhanden. Recht lange und anstrengende Route, im Spätsommer zum Teil verschneit. Unbedingt vorab Informationen über die Beschaffenheit des Weges einholen. Pickel mitnehmen.

Auf den Bändern des Bocchette Alte. Im Hintergrund der Adamello.

*B*occhette heißt übersetzt »kleine Scharten«. Eine passende Bezeichnung für diese berühmte Route, die Bergsteiger aus der ganzen Welt anlockt. Die Brentagruppe, von den Dolomiten durch das Etschtal getrennt, besteht aus schmalen, hoch aufragenden Monolithen und riesigen, senkrechten Wänden. Es ist ein Massiv von unvergleichlicher Schönheit und sicherlich kein geeignetes Gelände für eine Tour »auf die Schnelle«.

Das liegt zum einen am Wetter, das sich schwer einschätzen lässt. Es wäre schade, den Blick auf eine der schönsten Alpenlandschaften wegen des leider häufigen Nebels zu versäumen. Man sollte also eine Schönwetterperiode abwarten und die Gelegenheit dann beim Schopfe packen. Auch muss man mit den sehr rasch wechselnden Bedingungen in diesem Massiv umgehen können. Man kann dort noch relativ spät auf Schnee stoßen oder mitten im Juli einen Temperatursturz auf unter – 10 °C erleben.

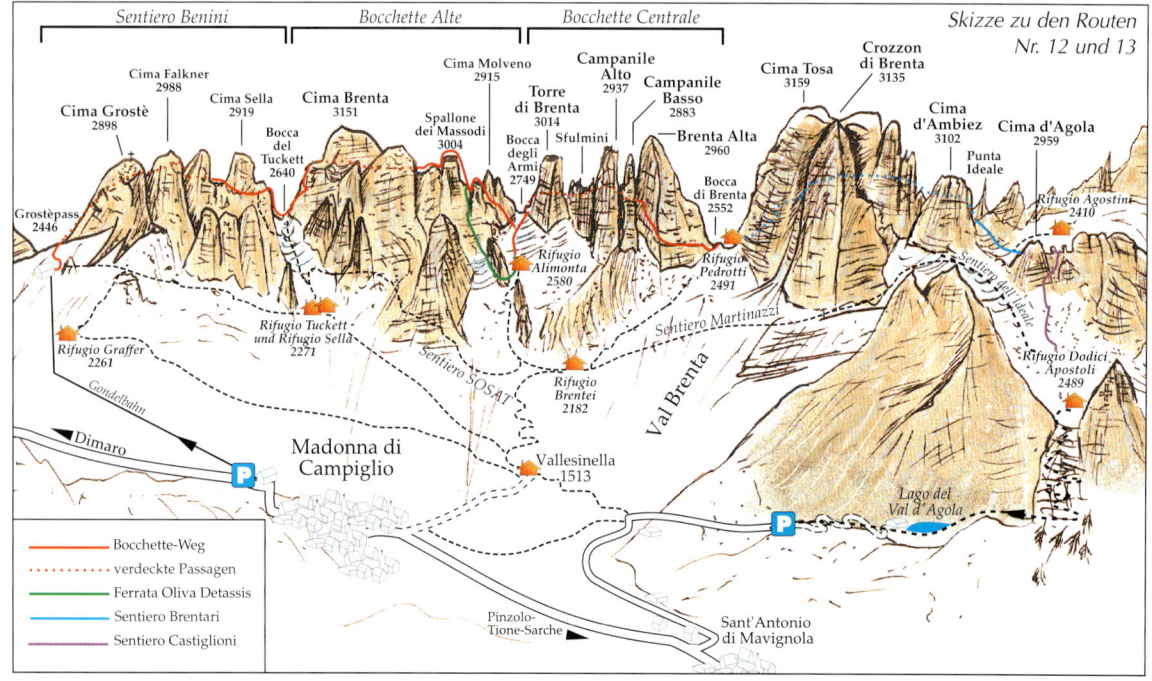

58

Der Sentiero Figari an der Bocchette Centrale, eine der erstaunlichsten Passagen in den Dolomiten.

12 – Bocchette-Weg

Überwältigender Blick auf die Brenta Alta und den schönsten Monolith der Dolomiten: den Campanile Basso.

Das Biwakieren ist im Parco Naturale Adamello – Brenta untersagt, und wenn man kein ausgesprochener Gipfelstürmer ist und die gesamte Tour nicht innerhalb eines Tages schaffen kann, muss man eine Übernachtung vorsehen. Es gibt zwar eine Menge Hütten im Gebiet des Bocchette-Weges, aber eine verbindliche Reservierung ist dennoch in jedem Fall ratsam; die Wahl fällt allerdings nicht leicht. Ideal ist eine Tour bei schönem Herbstwetter, wenn der größte Ansturm vorbei ist … Dann genießt man den Anstieg auf den freien Bändern und die eindeutige Wegführung, die förmlich darauf zu warten scheint, stets aufs Neue entdeckt zu werden. Der größte Vorzug der Bocchette ist in der Tat die unübertroffen logische Einbeziehung der vielen steilen Passagen in den Verlauf des Klettersteigs: die Quintessenz der Ferrata! Dieser Klettersteig, mit dessen Anlage zwischen den Kriegen begonnen wurde, hatte Modellcharakter. Ohne ihn hätte sich das Klettersteiggehen vielleicht nie zu so einem beliebten Bergsport entwickelt.[1]

Die Route besteht aus drei einzelnen Abschnitten (mit dem Sentiero SOSAT sind es vier), von denen jeder als eigenständige Tour begangen werden kann. Die hier beschriebene Querung reiht die Abschnitte

logisch aneinander und vermeidet lange und eintönige Zustiege. Am sinnvollsten scheint eine Zweitagestour mit Übernachtung im Rifugio Alimonta zu sein (beziehungsweise drei Tage bei Rückkehr über den SOSAT-Weg; in diesem Fall ist eine Reservierung im Rifugio Tuckett oder im Rifugio Graffer anzuraten).

1 Sentiero Alfredo Benini: *Dauer 3 bis 4 Std.; gilt als der leichteste Steig auf dem Bocchette-Weg. Kann durch einen Weg umgangen werden, der von der Bergstation der Grostè-Gondelbahn direkt zum Rifugio Tuckett quert (1,5 Std.). Von dieser Hütte zur gleichnamigen Scharte 1 Std.*

Einen Kilometer nach der Ortsausfahrt von Madonna di Campiglio in Richtung Dimaro mit der Gondelbahn zum Grostèpass (2446 m). Es ist ratsam, im 185 m unterhalb gelegenen Rifugio Graffer zu übernachten, um am darauf folgenden Morgen früh aufbrechen zu können; vor 8.30 Uhr verkehrt nämlich keine Gondelbahn (letzte Fahrt: 17.00 Uhr), und das ist schon spät, wenn man den regelmäßig gegen 11 Uhr aufsteigenden Nebel vermeiden will. Das Rifugio Grostè, das auf den Karten an der Bergstation der Gondelbahn eingezeichnet ist, scheint außer Betrieb zu sein. Vom Grostèpass südseitig dem Schild »Steig Nr. 305« folgen. Etwas unterhalb von 2600 m hat man die Wahl: Entweder – links über den normalen Sentiero Benini, der die Cima Grostè östlich unschwierig umrundet, bevor er die Bocchetta die Camosci (Gamsscharte) erreicht, oder

[1] Wobei man einräumen muss, dass die Fertigstellung des Sentiero Benini erst im Jahr 1972 erfolgte!

– geradeaus in Richtung Cima Grostè über einen nicht gesicherten (Schild: *non attrezzato*) Steig. Diese Lösung bietet den Vorteil, dass man den Gipfel (2898 m) auf schönen Bändern und Stufen erklimmt, die bereits einige zwar unschwierige, aber luftige Kletterpassagen enthalten. Vom Gipfelkreuz in wenigen Minuten über recht heikle Stufen hinunter zur Gamsscharte, wo man auf den normalen Weg trifft.

Anschließend wird auf halber Höhe die Ostwand der Cima Falkner auf breitem und luftigem Band ansteigend gequert, dann steigt man unvermittelt über eine Reihe drahtseilgesicherter Stufen ab, um auf Bändern durch die Ostwand des Campanile di Vallesinella die Bocca di Val Perse zu erreichen. Dort steigt man westwärts über ein kleines Firnfeld hinab und umrundet die Cima Sella bis zu dem senkrechten Abbruch, der die Bocca del Tuckett (2648 m) überragt. Diese erreicht man über eindrucksvolle Bänder und Leitern.[1]

2 Sentiero delle Bocchette Alte: *Dauer 5 Std.; gilt wegen der zahlreichen Passagen auf Felsstufen, darunter einige auf einem luftigen Grat, als der längste und schwierigste Abschnitt des Bocchette-Wegs.*

Von der Bocca del Tuckett über Stufen, die von kleinen Leitern unterbrochen sind, zur Nordkuppe der Cima Brenta ansteigend (lang und mühevoll) bis zum Beginn des Garbaribandes, das in den Foresti-Weg übergeht. Beide queren die gesamte Ostwand. Der Abstieg über wackelige Leitern in eine Rinne ist nicht ohne, zumal es danach eine abschüssige Eisrinne zu queren gilt, wo das Drahtseil in zwei verschiedenen Höhen angebracht ist. Das Bandende führt auf etwa 3000 m zu einem terrassenartigen Aussichtspunkt, der den Beginn einer abenteuerlichen Überschreitung mehrerer Grate markiert (Mario-Coggiola-Weg), und an deren Ende man den Spallone die Massodi erreicht, einen flachen Gipfel, den man schon von weitem sieht und über die senkrechte, etwa 30 m hohe Leiter »Scala degli Amici« ersteigt. Es folgt ein langer Abstieg über zum Teil heikle Stufen und kleine Leitern zur unterhalb gelegenen Bocca di Massodi. Kurz davor, auf einer kleinen Terrasse, gibt es zwei Möglichkeiten zur Fortsetzung des Weges.

– Entweder man steigt die Scharte weiter hinab, indem man gewagt nach links quert (Blick nach unten) und auf der anderen Seite wieder ansteigend die Nordschulter der Cima Molveno erreicht, von wo aus man über ein Kar auf den Sfulminigletscher absteigt (empfohlene Lösung, wenn man keine Übernachtung im Rifugio Alimonta ins Auge fasst, das man jedoch ansteuern kann).

– Oder man zweigt rechts ab (Schild Richtung Rifugio Alimonta und Rifugio Brentei). Nach einer Reihe senkrechter Leitern, von denen manche über 30 m lang sind (Ferrata Oliva Detassis) und dem kleinen Gletscher gelangt man schnell zum Rifugio Alimonta (hinter den Felsen links versteckt), das gegenüber dem Rifugio Brentei den Vorteil hat, 400 m höher zu liegen.

3 Sentiero delle Bocchette Centrale: *Dauer 3 Std.; der schönste Wegabschnitt; keine nennenswerten Schwierigkeiten, aber schmale Bänder mit eindrucksvollen Tiefblicken.*

Vom Rifugio Alimonta gelangt man in 30 Min. zur Bocca degli Armi (2749 m) oberhalb des beinahe flachen Sfulminigletschers. Über einige Leitern auf den Torre di Brenta, wo links das luftige Band des Sentiero Figari abzweigt. Es mündet in die Südflanke, wo sich einem mit dem Campanile Basso und der Brenta Alta inmitten einer märchenhaften, von der ersten Morgensonne beschienenen Kulisse ein großartiges Schauspiel bietet. Ein teils sehr schmales und luftiges Band – das allem Anschein nach stellenweise bearbeitet wurde – quert die Sfulminitürme und den Campanile Alto, bevor es über Stufen am Campanile Basso bis zur Bocca Bassa hinabgeht. Dann taucht man zwischen der Brenta Alta und dem Campanile in die düstere Gugliascharte hinein, die man auf der linken Seite über ein Band und einige Leitern durchquert. Das bequeme Band führt auf der Nordwestseite der Brenta Alta zur Bocca di Brenta (2552 m).

Rückweg: Von dort das Val Brenta Alta hinab und auf dem Weg Nr. 318 in 1 Std. bis zum Rifugio Brentei (2182 m). Hier bieten sich drei Varianten an.

– Zurück über den Sentiero SOSAT, eine schöne, unschwere Ferrata, die unterhalb der Westseite der Cima Brenta bis zum Rifugio Tuckett und zum Rifugio Sella quert. Über den Weg Nr. 316 gelangt man dann zur Bergstation der auf dem Hinweg benutzten Grostè-Gondelbahn (4 Std. – aufgepasst: Um den Beginn des Sentiero SOSAT zu finden, muss man zunächst oberhalb des Rifugio Brentei in Richtung Rifugio Alimonta ansteigen und dann links abbiegen.).

– Über den sehr schönen und stark begangenen Steig Nr. 318 in 1,5 Std. direkt nach Vallesinella hinab. Der Ort besteht aus einem riesigen Parkplatz, wo sich sicher eine Mitfahrgelegenheit nach Madonna di Campiglio (4 km) findet.

– Man schließt den Sentiero Brentari und den Sentiero Castiglioni direkt an (siehe Seite 64).

---

[1] Vor dem Abbruch rechts erreicht man über den Dallagiacoma-Steig (Nr. 315) unschwierig das Rifugio Tuckett sowie das Rifugio Quintino Sella (die nebeneinander stehen). Nach dem Abbruch kann man von der Bocca del Tuckett diese Hütten auch noch über die Vedretta di Brenta erreichen, die unter normalen Bedingungen mit Schutt bedeckt und leicht begehbar ist, gegen Ende der Saison oder nach Regen jedoch heikel sein kann.

Auf dem Sentiero Benini, der die Ostwand der Cima Falkner quert.

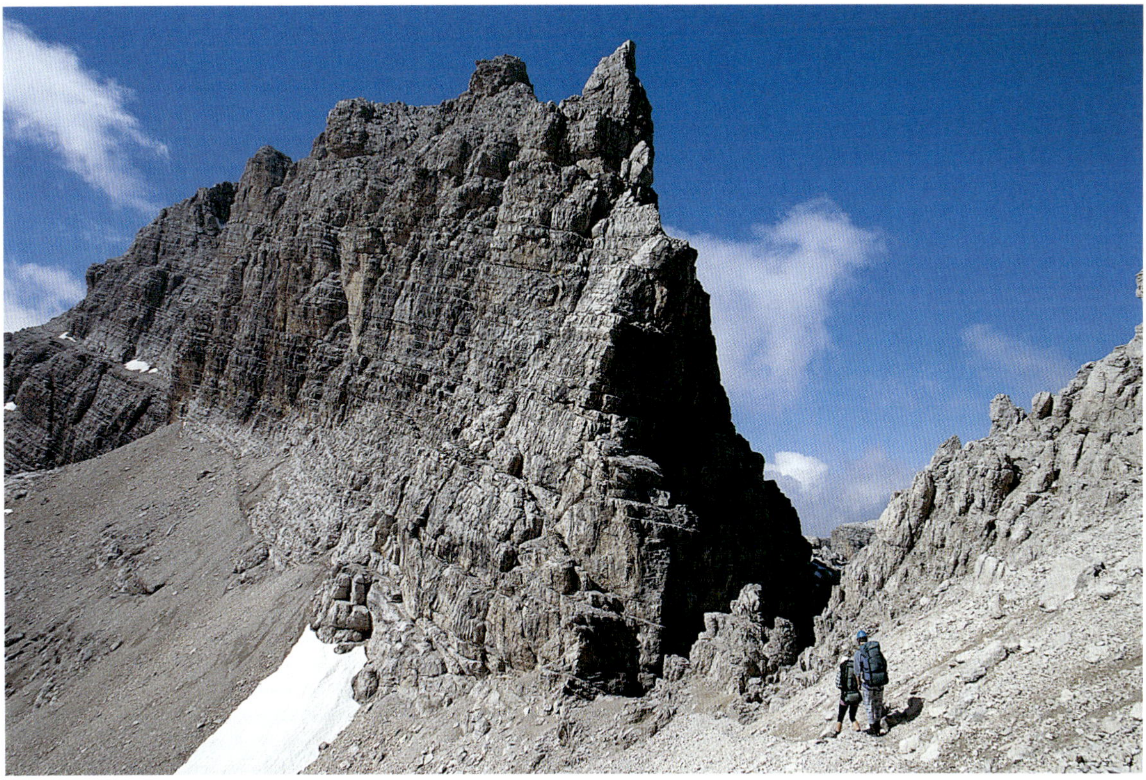

Blick von der Scharte am Campanile Alto auf die Cima Tosa (3159 m – höchster Punkt der Brentagruppe) und den Crozzon di Brenta (3135 m).

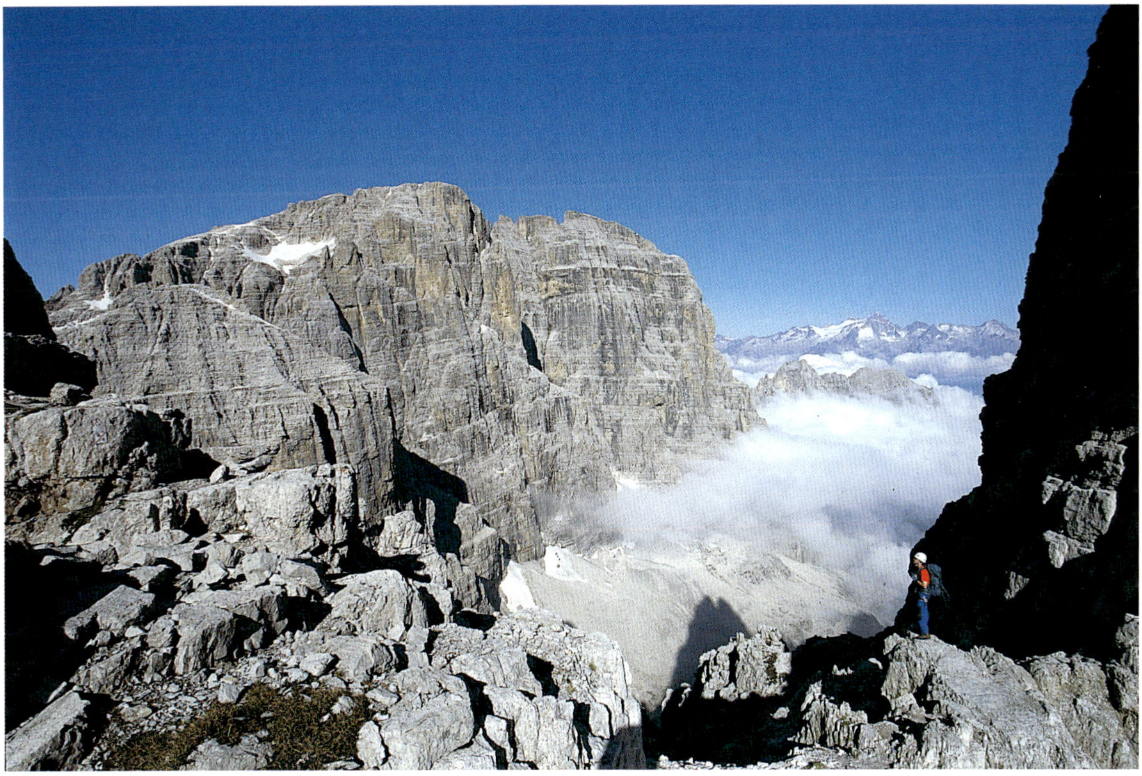

Sentiero Brentari und Sentiero Castiglioni _ 13

Lage: Brentagruppe, in der südwestlichen Verlängerung des Bocchette-Wegs.

Ausgangspunkt: Vallesinella (1513 m), 4 km südöstlich von Madonna di Campiglio.

Zeit: Zustieg: 2 Std. von Vallesinella zum Rifugio Brentei (2182 m); weitere 1,5 Std. zum Rifugio Pedrotti (2491 m).
– Sentiero Brentari: 3 Std.
– Sentiero Castiglioni: 2 Std. zum Rifugio Dodici Apostoli (2489 m).
– Rückweg: 3,5 Std. durch das Val d'Agola oder 4 Std. über den Sentiero Martinazzi und das Rifugio Brentei.

Höhenunterschied: Zum Rifugio Brentei knapp 700 m; von dort gut 300 m zum Rifugio Pedrotti; von letzterem rund 370 m zur Sella della Tosa; Abstieg zum Rifugio Agostini 450 m; von hier zur Bocca dei Due Denti, dem höchsten Punkt der Ferrata Castiglioni ca. 450 m; Abstieg über das Rifugio Dodici Apostoli zum Val d'Agola 1560 m. Will man vom Rifugio Dodici Apostoli über den Sentiero Martinazzi und das Rifugio Brentei auf direktem Weg nach Vallesinella zurück, muss man 300 m auf dem Gletscher wieder ansteigen, dann über 1200 m hinunter.

Schwierigkeit: Hochalpine Wanderung bis zur Sella della Tosa; recht steiler, aber gut gesicherter Klettersteig auf dem Abstieg zum d'Ambiez-Gletscher. Der Sentiero Castiglioni ist eine Abfolge von Leitern ohne technische Schwierigkeiten, aber sehr ausgesetzt. Nicht ganz schwindelfreien Gehern muss man abraten. Steigeisen und Pickel können nützlich sein.

Anmerkung: Die beiden Routen können im Anschluss an den Bocchette-Weg begangen werden, der bei der Bocca di Brenta in der Nähe des Rifugio Pedrotti (bzw. des Rifugio Tosa 50 m unterhalb) und des Rifugio Agostini, das zwischen den beiden hier beschriebenen Routen liegt, endet (das Rifugio Dodici Apostoli hat höhere Preise und ist schneller ausgebucht).

Siehe Skizze zu Route Nr. 12 (Bocchette-Weg), S. 58.

F olgerichtig schließt sich die Beschreibung dieser beiden Routen an den Bocchette-Weg an. Alle fünf »Sentieri« ergeben für einen trainierten Bergsteiger zwei Tage volles Programm, doch gibt es bei sicherem Wetter keinen Grund, nicht gleich mehrere Tage in diesem außergewöhnlichen Massiv zu verbringen. Vom Sentiero Brentari lassen sich der Bocchette Centrale und der herrliche Campanile Basso aus der Ferne betrachten. An landschaftlichen Reizen steht er diesen in nichts nach. Er verläuft unterhalb des höchsten Gipfels dieses Massivs, der Cima Tosa, auf die man einen Abstecher machen kann. Die elegante Silhouette der Punta Ideale wird einem ebenso im Gedächtnis bleiben wie die rötliche Ostwand der Cima d'Ambiez, die aus dem reinsten Dolomit, dem so genannten Dolomit principale besteht.

Der Sentiero Castiglioni wurde eingerichtet, um trockenen Fußes vom Rifugio Agostini zum Rifugio Dodici Apostoli (Zwölf-Apostel-Hütte) zu gelangen. Früher musste man Steigeisen anlegen, um die Bocca d'Ambiez über den 1932 angelegten Sentiero dell'Ideale zu überwinden. Dieser und der Sentiero Brentari sind die ältesten Steige der Brenta.

Sentiero Brentari:

Vom Rifugio Pedrotti westwärts auf dem Steig Nr. 304. Nach 15 Min. an einer Abzweigung den Sentiero Palmieri links liegen lassen und auf dem Weg rechts ansteigend in 1 Std. zur Sella della Tosa (die Cima Tosa, höchster Gipfel des Massivs, kann man auf dem Normalweg erreichen, indem man 15 Min. vor dem Felsrücken rechts abbiegt; Seil mitnehmen).

Auf der anderen Seite des Felsrückens quert ein luftiges Band nach rechts. Eine Hängebrücke markiert den Beginn der Versicherungen. Man überschreitet eine weitere Scharte, die links von der eindrucksvollen Punta Ideale (2946 m) überragt wird. Auf mehreren Leitern gelangt man schnell hinab auf die Vedretta d'Ambiez. Rechts führen Steigspuren zur vergletscherten Bocca d'Ambiez hinauf. (Es handelt sich um den Sentiero dell'Ideale, der sich an den Bocchette-Weg anschließt und eine rasche Verbindung zum Rifugio Dodici Apostoli über Gletscher bzw. zum Rifugio Brentei über den Sentiero Martinazzi schafft; 1–2 Std. Er hat weniger »Klettersteigcharakter« als der Sentiero Castiglioni.)

Um das Rifugio Agostini und den Sentiero Castiglioni zu erreichen, quert man die Vedretta d'Ambiez (Fähnchen) und bleibt auf der rechten Seite unmittelbar unterhalb der Ostwand des gleichnamigen Gipfels. Dann folgt man nicht den Fußspuren auf dem breiten, horizontalen Band, das über den Gletscher führt, sondern steigt die zum Teil drahtseilgesicherten Stufen am Rande des Gletschers hinab (Markierung mit Hinweis auf das Rifugio Agostini). Der Markierung folgend erreicht man nach 20 Min. auf etwa 2550 m an einem Felsen rechts den Hinweis auf den Sentiero Castiglioni (Nr. 321). Wer will, kann das 5 Min. unterhalb gelegene Rifugio Agostini also auslassen. Wer dort übernachten will, kann am darauf folgenden Tag über einen Verbindungsweg den Steig Nr. 321 oberhalb der Felsen erreichen.

Sentiero Castiglioni:

Die Querung einer Schrofenzone nach Südwesten führt in 30 Min. zum Fuß der Ostwand der Cima d'Agola, wo man unter gelben Vorsprüngen große Leitern erblickt. Die 200 m hohe Wandstufe wird kühn auf direktem Weg über etliche Leitern, von denen manche an die 30 m lang sind, überwunden, und man gelangt in eine enge Felsscharte, die Bocca dei Due Denti (2859 m). Auf der anderen Seite führt ein guter Weg in 30 Min. zum kleinen Rifugio Dodici Apostoli (2489 m).

Rückweg: Von dieser Hütte, die von einer eigenartigen, in den Fels hineingesprengten Kapelle überragt wird, bieten sich zwei Möglichkeiten an.
– Entweder man steigt in 2 Std. über die Wege Nr. 307 und 324 zum Agolasee (1595 m) hinab und folgt dann dem Weg im Talschluss des Val d'Agola bis zum Parkplatz auf etwa 1300 m (30 Min.). In der nächsten Links-

13 – Sentiero Brentari und Sentiero Castiglioni

Klettersteiggeher, die vom Ambiez-Gletscher kommen, erreichen die Sella della Tosa. Im Hintergrund die Cima d'Ambiez.

kurve der Straße biegt man rechts ab auf einen Pfad, der hinauf nach Vallesinella führt (1 Std.; insgesamt 3,5 Std.).
– Oder man steigt über den Beginn des Sentiero dell'Ideale (Gletscherausrüstung empfehlenswert) zur Bocca dei Ca-mosci (2784 m) auf (1 Std.) und erreicht über den Sentie-ro Martinazzi das Rifugio Brentei (kurz zuvor kleiner An-stieg), dann absteigend Vallesinella (insgesamt 4 Std.). Wenn man vom Bocchette-Weg kommt: siehe Route Nr. 12.

Westbalkon der Palagruppe —————— 14

Sentiero attrezzato Nico Gusella, Via ferrata del Porton, Via ferrata del Velo

Lage: Westseite der Palagruppe.

Ausgangspunkt: San Martino di Castrozza (1466 m), Bergstation der Rosetta-Gondelbahn (etwa 2600 m); unweit von dort befindet sich das Rifugio Rosetta-Pedrotti (2578 m).

Zeit: Von der Rosetta-Bergstation zum Passo di Ball 2 Std.; Sentiero Gusella oder Ferrata del Porton 1,5–2 Std.; Ferrata del Velo 1 Std.; Abstieg vom Rifugio Velo della Madonna nach San Martino 2 Std.; insgesamt 6,5–7 Std.

Höhenunterschied: Es handelt sich vor allem um Querungen, doch es geht mehrmals auf und ab.

Schwierigkeit: Der Sentiero Nico Gusella führt über schräge Platten hinauf, wo man oft die Hände zu Hilfe nehmen muss, da es keine künstlichen Tritthilfen (Stifte o. ä.) gibt. Die Schwierigkeiten sind aber nur mäßig. Der Abstieg verläuft über ungesicherte Stufen durch einen halbkreisförmigen Kessel und erfordert Trittsicherheit.
– Die Ferrata del Porton, die man alternativ dazu beschreiten kann, bietet mehr steile Passagen in schönem Ambiente.
– Die Ferrata del Velo ist eine hochalpine, gut gesicherte Route mit beeindruckenden luftigen Abschnitten.

Der Westbalkon der Palagruppe ist unter dieser Bezeichnung nicht bekannt. Im Grunde handelt es sich um eine Kombination mehrerer Routen, die am Fuße einer Reihe fabelhafter Bergspitzen entlangführen, die sich oberhalb von San Martino di Castrozza in der Palagruppe erheben.

Das Wort *pala* entstammt dem lokalen Dialekt und bedeutet so viel wie »steile Grashänge«. Diese Grashänge befinden sich oft am Fuß der Gipfel, vor denen bisweilen sogar regelrechte Pflanzensockel fast senkrecht aufragen. Es ist ein typisches Merkmal dieser Landschaft, das die Menschen vor Ort offenbar so beeindruckte, dass sie das Massiv entsprechend benannten.

Die Tour beginnt auf dem Hochplateau der Palagruppe. Man fühlt sich wie auf einen anderen Planeten versetzt in dieser Mondlandschaft, die Buzzati zu seinem Roman *Il deserto dei Tartari* inspiriert hat. Es wäre ein Leichtes, sich hier zu verlieren, wären die Wege nicht so gut markiert. Man verlässt diese markante Landschaft über einen langen Abstieg zwischen riesigen Gipfeln, um unterhalb der Pala di San Martino, einem 600 m hohen,

Überschreitung des Passo di Ball. In der Mitte die Cima della Rosetta.

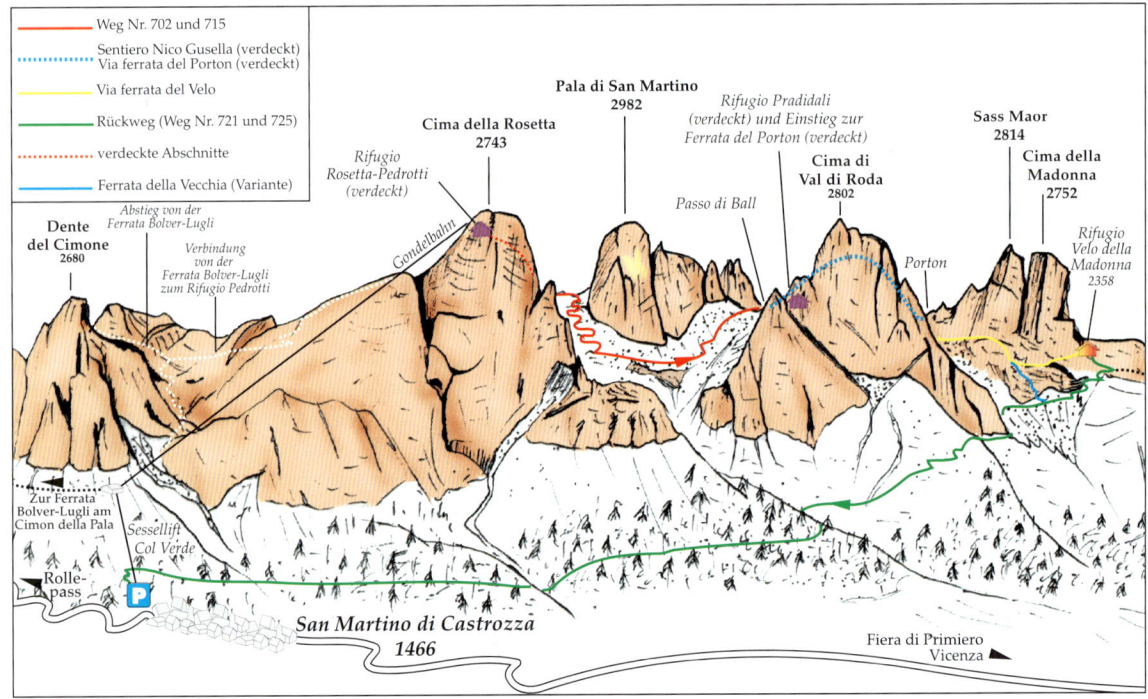

Die Pala di San Martino und die Cima di Val di Roda, dazwischen der Passo di Ball.

Die Zwillingstürme des Sass Maor und der Cima della Madonna. Rechts davon sieht man das Rifugio Velo.

auffällig geformten Turm, zu queren. Am Passo di Ball[1] gelangt man in einen Wald aus Türmen, Spitzen und Felsnadeln, wo man meistens einige Kletterer beobachten kann. Hier hat man die Wahl: Am Pradidalikessel zweigt die Ferrata del Porton ab, eine schaurige Schlucht zwischen zwei tief eingeschnittenen Rinnen. Sie endet in der engen Portonscharte, eine Art Felsportal, dem sie ihren Namen verdankt. Dieser heikle, sehr schöne und berühmte Klettersteig zieht viele Menschen an. Wem das missfällt, der sollte sich lieber für den Sentiero Nico Gusella entscheiden, der mehr ein bequemer Höhenweg ist als ein Klettersteig. Er umrundet in einem halbkreisförmigen Kessel die Cima di Ball in deren Westflanke. Absteigend entdeckt man dann den eigentlichen Clou: den Sass Maor und die Cima della Madonna, die wie zwei überaus schlanke Zwillingstürme erscheinen. Der Höhenunterschied hält sich auf dieser Seite in Grenzen (immerhin 400 m), doch muss man wissen, dass der Sass Maor auf der anderen Seite eine 1000 m hohe Wand aufweist, eine der größten und schwierigsten überhaupt in den Dolomiten. Was die Cima della Madonna angeht, so ist sie wegen ihres Schleiers (ital. *velo*) berühmt, womit die Kante gemeint ist, die senkrecht vom Gipfel abfällt. Für viele Kletterer ist die Schleierkante die schönste Klettertour der Dolomiten. Von ihrer Beliebtheit – und der durchschnittlichen Stimmgewalt eines Kletterers – kann man sich ein Bild machen, wenn man die Via ferrata del Velo begeht. Der Weg, der einige schwierige Auf- und Abstiege zu bieten hat, verläuft genau unterhalb.

Von der Bergstation der Gondelbahn über den Weg Nr. 702 südwärts zum Rifugio Pradidali (2278 m). Man steigt lange über Serpentinen ab, dann führen unschwierige, aber luftige drahtseilgesicherte Passagen zum Passo di Ball (2448 m), von wo aus man das von der Cima Canali überragte Rifugio Pradidali sieht.

Um den Beginn des Sentiero Nico Gusella zu erreichen, steigt man auf einem Weg rechts (westlich) des Passo di Ball durch das Kar in Richtung der großen, glatten Platten hinauf, die zwischen dem Campanile di Pradidali und der Cima di Val di Roda (2791 m) liegen. Das Drahtseil führt über diese Platten zur Forcella Stephen auf 2705 m, von wo aus man schnell zur Cima di Val di Roda gelangt und den Panoramablick auf das Tal von San Martino genießt. Gegenüber der Ferrata del Porton hat dieser Weg den Vorteil, dass man Talblick hat – abgesehen davon, dass man in diesen schönen Platten auch wirklich klettern kann (eventuell ohne Benützung des Drahtseils). Der Abstieg auf der anderen Seite der Forcella führt diagonal in ein riesiges, gestuftes Amphitheater

[1] So benannt nach John Ball, dem etliche Erstbegehungen in den Dolomiten glückten, der die ersten bedeutenden Führer für Bergsteiger verfasste und der 1857 zum ersten Vorsitzenden des höchst vornehmen britischen Alpine Club gewählt wurde.

(markiert, stellenweise heikel) bis zu einer Scharte auf der linken Seite. Man kann die Ferrata del Velo erahnen, die in den Steilabbrüchen unterhalb des Sass Maor zum rechts sichtbaren Rifugio Velo della Madonna verläuft. Man steigt über steile Grashänge bis zu der Stelle ab, wo man auf die Ferrata del Porton trifft (Schild).

Will man vom Passo di Ball über die Ferrata del Porton gehen, steigt man in wenigen Minuten zum Rifugio Pradidali hinab. Von dort nimmt man den Weg (rote Markierung), der

in eine erste Schlucht hinunterführt, die man quert. Die gegenüberliegende Wand ist unterhalb eines großen, dunkel gefärbten Überhangs auf fast 100 m mit Eisenklammern versichert. Man quert aufsteigend zu einer weiteren mit Klammern versicherten Wand, gefolgt von einem überhängenden Abstieg. Nun steigt man in eine zweite Schlucht hinab, aus der man über große Blöcke und Schrofen wieder hinaus klettert. Eine letzte Leiter führt zur Portonscharte, wo man auf die zuvor beschriebene Ferrata Nico Gusella stößt.

Die anschließende Via ferrata del Velo führt zunächst über einen Höhenweg, dann über recht heikle An- und Abstiege zum Rifugio Velo della Madonna.

Abstieg: Ein Weg führt zuerst in die Senke nach Süden, dann unter dem Abbruch wieder nach Norden an den Wandfuß (nicht den westwärts führenden Weg nehmen). Dann weiter auf dem Weg Nr. 721, der bis zum Parkplatz quert.

...na Fradusta oberhalb der »Wüste der Tartaren«, Cima Canali, Pala, Cima di Ball und Cima della Rosetta (links vom Gipfel erkennt man die Seilbahn).

Via ferrata Bolver-Lugli ———————————— 15

Cimon della Pala (3184 m)

Lage: Westseite der Palagruppe.

Ausgangspunkt: San Martino di Castrozza (1466 m), Bergstation des
Sesselliftes Col Verde (etwa 1965 m); siehe Route Nr. 14.

Zeit: Zustieg 1 Std.; Klettersteig 3 Std. (sportliche Zeit 1 Std. 40 Min.);
Abstieg 2,5 Std.

Höhenunterschied: Zustieg gut 300 m; Klettersteig gut 700 m, davon
300 m am Schrofenvorbau. Der Klettersteig führt nicht bis zum
Gipfel des Cimon della Pala, sondern zum Bivacco Fiamme Gialle
(3005 m, guter Zustand, 9 Plätze, Decken vorhanden).

Schwierigkeit: Dieser Klettersteig gilt als einer der anspruchsvollsten in
den Dolomiten, doch damit ist er stark überbewertet. Nichts-
destotrotz gibt es einige heikle Passagen und ausgesetzte Stellen.
Es handelt sich um eine herrliche, sehr stimmungsvolle Route mit
einem ganz eigenen Charakter.

Anmerkung: Beim Abstieg können Steigeisen und Pickel nützlich sein.
Für die Besteigung des Cimon della Pala ist eine Kletterausrüstung
notwendig.

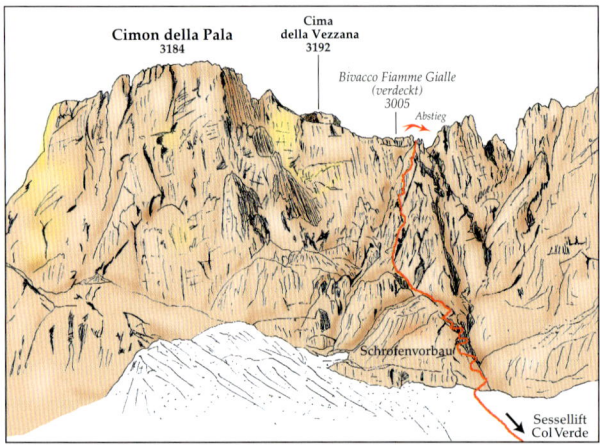

Die Palagruppe zählt mit ihrer Vielfalt an Türmen
und Zinnen zu den schönsten Berggruppen in den
Dolomiten und die Gipfel haben oft eine außergewöhn-
liche Form, ob man nun die Cima della Rosetta nimmt
oder die Cima della Madonna. An den Fuß dieser
berühmten Gipfel gelangt man, wenn man an die Ferrata Bolver-Lugli den auf den vorangegangenen Seiten
beschriebenen Weg über den Westbalkon der Palagruppe anschließt.

Der Cimon della Pala vermittelt ganz verschiedene
Eindrücke, je nachdem, ob man ihn vom Rollepass oder
von San Martino di Castrozza aus betrachtet. Die Ferrata
Bolver-Lugli, benannt nach einer vermögenden Familie,
die sie größtenteils finanziert hat, führt durch den rechten Wandteil der breiten Südwestwand des Cimon, mit
Blick auf den hübschen kleinen Ort San Martino di Castrozza. Sie folgt mehr oder weniger einer ehemaligen
Kletterroute, die zwar nicht sonderlich schwierig (III),
aber doch reizvoll war und durch guten Fels verlief. Es
ist zu bedauern, dass sie bei der Anlage des Klettersteigs
nicht stärker umgangen wurde. Man hätte sich zumin-

dest, auch aus Respekt für die Erstbegeher, mehr am
Fels orientieren sollen, in dem Griffe reichlich vorhanden sind. Das Drahtseil, an dem man sich nun die Arme
fast ausrenken muss, würde dann nur zur Sicherung dienen (und nicht zur Fortbewegung), was mit ein wenig
Übung auch sehr viel angenehmer und sogar einfacher
ist. Vervollständigt wird das Vergnügen, wenn man hinter dem Bivacco Fiamme Gialle (»Gelbe Flammen«) auf
dem Grat weitergeht, der auf den Gipfel des Cimon
führt. Andernfalls kann man nach ein paar Minuten Abstieg vom Col de Travignolo unschwierig zur Cima della
Vezzana (3192 m) ansteigen, der höchsten Erhebung des
Massivs (30 Min.). Dort trifft man auf viele Bergsteiger,
die vom Rollepass auf der anderen Seite über die Ferrata
Gabitta d'Ignoti hierher gelangt sind, wobei es sich eher
um einen normalen Steig mit einigen wenigen Drahtseilpassagen handelt.

An der Ferrata Bolver-Lugli, die zu den beliebtesten
Klettersteigen in den Dolomiten zählt, begegnet man immer wieder Bergsteigern, die sie wie eine große Hochtour angehen. Mit der Konsequenz, dass die Rucksäcke
oft so schwer sind, dass ihre Träger drei Mal länger als
nötig unterwegs sind und somit Schlechtwetter, Ermüdung und andere Unwägbarkeiten in Kauf nehmen. Zum
Glück gibt es auf der Route ein paar Stellen, an denen
man überholen kann!

Ganz allgemein gilt, dass man möglichst antizyk-
lisch unterwegs sein sollte, also vor beziehungsweise
nach den anderen aufbrechen muss. Die meisten Klettersteige in den Dolomiten sind nach Westen ausgerichtet.
Sofern das Wetter es zulässt, ist es also sinnvoll, nachmittags aufzusteigen – man hat mehr Sonne und mehr
Ruhe. So kann man abends ein Rifugio ansteuern und
am darauf folgenden Morgen gegebenenfalls eine weitere Route in Angriff nehmen. Bei dem hier beschriebenen
Weg könnte das Rifugio Rosetta-Pedrotti eine Anlaufstation sein, oder auch das kleine Bivacco Fiamme Gialle am Ausstieg der Ferrata. Diese Art Blechunterschlupf,

Das Bivacco Fiamme Gialle.

Blick vom Rollepass auf die Cima della Vezzana und den Cimon della Pala.

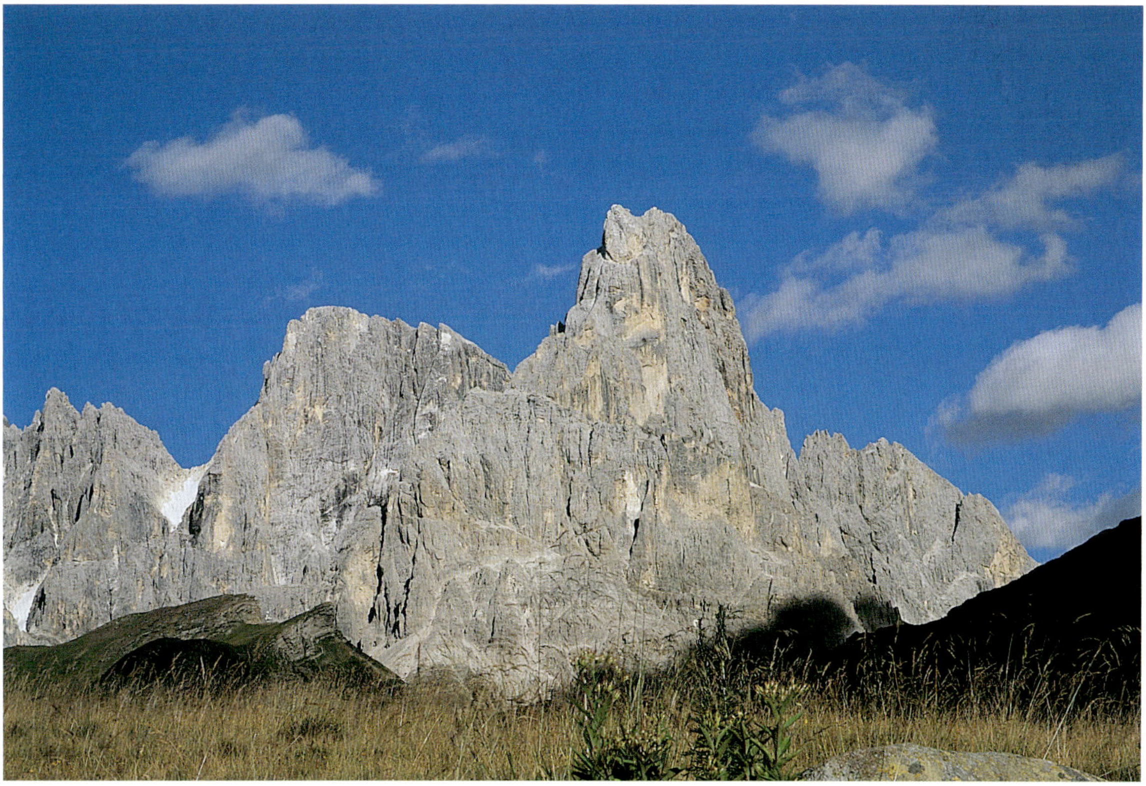

Blick von San Martino auf den Cimon della Pala. Rechts die charakteristische »Birne«, entlang der die Ferrata Bolver Lugli verläuft.

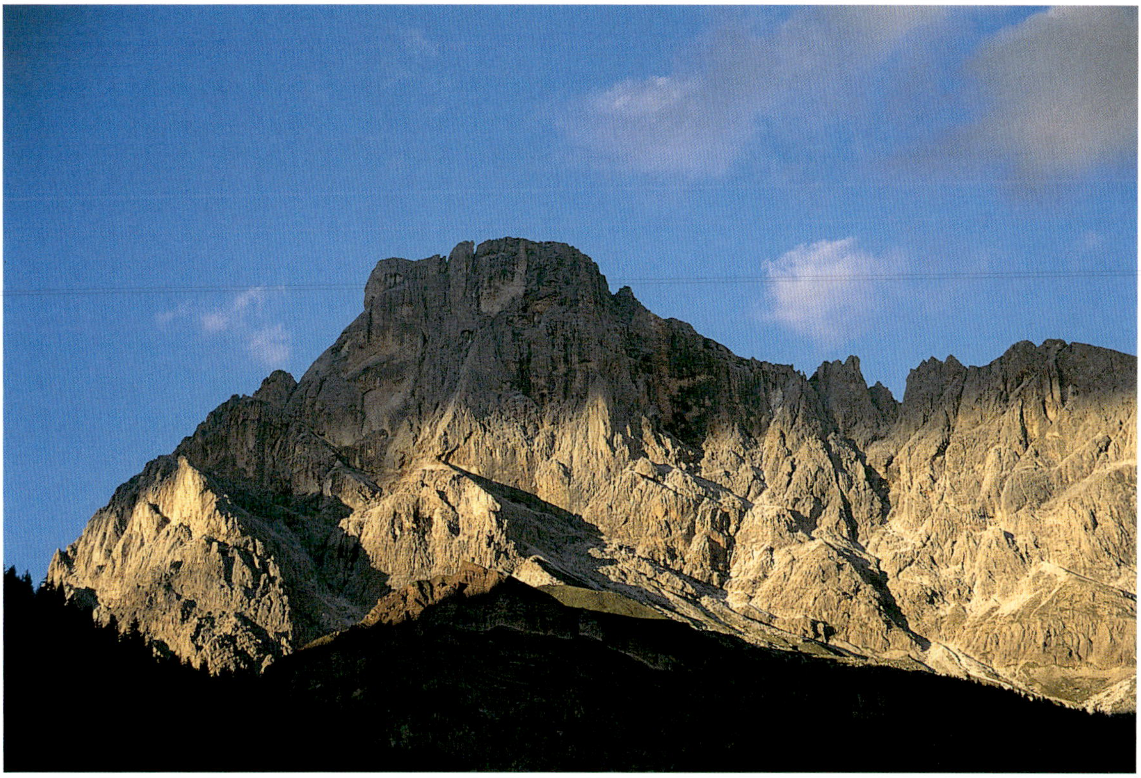

15 – Via ferrata Bolver-Lugli

Einige athletische Passagen …

… in einem schönen Ambiente.

die man in Italien häufig vorfindet, ist normalerweise Personen in Gefahr vorbehalten, die entweder erschöpft oder verletzt sind oder von Schlechtwetter überrascht werden. Doch trifft man nur selten jemanden an. Und dieses Biwak hat einen unschätzbaren Vorteil: Es bietet ein großartiges Panorama, unter anderem auf das wie eine Mondlandschaft erscheinende Hochplateau der Pala. Und übertroffen werden kann das nur noch von einem Sonnenuntergang, dem man hier oben erlebt.

Vom nördlichen Ortsausgang von San Martino wird man vom Sessellift Col Verde auf 1965 m befördert. Von der Bergstation nach links einem guten Weg folgen, der rasch zum Fuß des Schrofenvorbaus auf 2300 m führt. Etwa 1 Std. über den steilen, jedoch gut gestuften Schrofenvorbau hinauf (nur an kurzen Stellen Sicherungen). Endlich ragt ein großer Absatz vor einem auf und bietet einige steile und interessante Passagen, die lediglich mit einem Drahtseil gesichert sind. 100 m vor dem Ende werden die Platten weniger steil, und man gelangt zum

Ausstieg an einer Scharte mit Blick auf das kleine Bivacco Fiamme Gialle (3005 m), das man ansteuert.

Abstieg: Auf der anderen Seite steil abwärts und in wenigen Minuten zum Passo del Travignolo (2925 m). Rechts hinab über oft harten Schnee oder Eis (Steigeisen und Pickel nützlich), dann über steile Felsen, die einen Bergschrund umgehen. Weiter unten führt der Weg nach rechts wieder ansteigend zum Passo Bettega (2667 m). Nachdem man ein kleines Kar durchquert hat, führt der stellenweise gesicherte Weg über steile Felsen hinab, die sich oberhalb der Liftstation Col Verde erheben. Auf direktem Weg dort hin.

Anmerkung: Wenn man diesen Weg mit dem Westbalkon der Palagruppe kombinieren will (siehe Route Nr. 14), steigt man nach dem kleinen Kar hinter dem Passo Bettega nicht abwärts, sondern zweigt links auf Steig Nr. 716 ab, der zum Rifugio Rosetta-Pedrotti quert (2581 m; 40 Min. vom Passo Bettega).

Die Ferrata verläuft entlang einer ehemaligen Kletterroute (III); das Drahtseil kann man nach Belieben nur zum Sichern benützen.

Pisciadù-Klettersteig ——————————— 16

Exnerturm (2495 m)

Lage: Nordostseite der Sellagruppe, zwischen dem Grödner Joch und Corvara.

Ausgangspunkt: Auf 1956 m bei einem Parkplatz unmittelbar unterhalb des Grödner Jochs (in Richtung Corvara).

Zeit: Kein Anstieg; 2,5 Std. Klettersteig (sportliche Zeit 1 Std.); Abstieg 1 Std.

Höhenunterschied: Etwa 300 m.

Schwierigkeit: Die ersten 200 m an der oberen Felsstufe verlaufen sehr homogen an einer recht steilen Wand; diese hat zwar keine Klammern, dafür aber zahlreiche Trittsprossen. Es kann reizvoll sein, das Drahtseil lediglich zur Sicherung zu verwenden und mit Hilfe dieser Eisenstifte voranzukommen. Der zweite Teil ist noch steiler, aber mit Leitern gesichert. Wenig wirklich athletische Passagen.

Anmerkung: Vom Grödner Joch (2137 m) kann man querend in 30 Min. ansteigen und lässt damit den unteren, 50 m hohen und nicht sonderlich interessanten Felsaufschwung aus; wenn man früh aufbricht, kann man so auch dem größten Andrang aus dem Weg gehen.

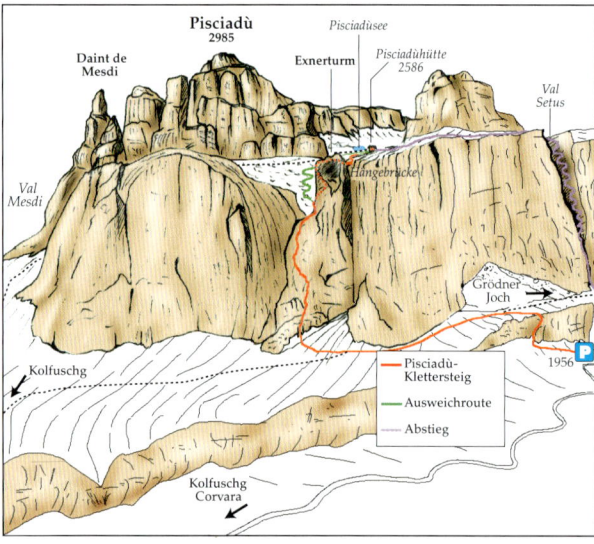

die Kehrseite der Medaille, und bei gutem Wetter sollte man lieber am Nachmittag aufbrechen.

Vom Parkplatz unterhalb der engen Schlucht des oft verschneiten Val Setus (über das man absteigt) 100 m nach links. Über einen kleinen, wenig steilen Vorsprung von 50 m, der mit einem Drahtseil gesichert ist, auf das immense Band, das dem Exnerturm und seiner Hängebrücke vorausgeht (die man bereits von der Passstraße nach Kolfuschg aus sieht). Links dem Weg entlang bis zum Fuß des Turmes.

Das Drahtseil führt ziemlich direkt in die Wand und linksseitig zur Rinne. Diese verbreitert sich nach oben, wo man über einen unschwierigen Ausstieg rasch zur Pisciadùhütte gelangt. Ansonsten quert man (heikel) über die Ostflanke des Exnerturms und gelangt auf schwindelerregenden Leitern bis unweit des Gipfels. Vor ihm erreicht man durch eine Querung gegenüber der Hütte die Hängebrücke, die auf das Masores-Plateau führt. Auf einem Steig in 10 Min. zur Pisciadùhütte (2586 m).

Abstieg: Von der Hütte 5 Min. nach Nordwesten queren (Steig Nr. 666). Durch das Val Setus, das am Anfang noch mit Drahtseilen versichert ist, gelangt man über Firn und Geröllfelder sehr schnell zurück zum Parkplatz.

In der heiklen Querung.

Die kleine Sellagruppe wartet auf jeder Seite mit einem interessanten Klettersteig auf. Im Norden hat der Pisciadù-Klettersteig (Via ferrata Brigata Tridentina) alle Trümpfe auf seiner Seite: wenig Anstieg, eine anspruchsvolle und »prickelnde« Route, eine Hängebrücke, eine Hütte unweit des Gipfels und einen schnellen Abstieg. Die Kulisse, die man auf halber Höhe auf dem Sellaband vorfindet, dort, wo sich die Pisciadùhütte befindet, gehört darüber hinaus zu den schönsten, die die Dolomiten zu bieten haben. Das Tagespensum lässt sich durch eine unschwierige Besteigung des Pisciadù vervollständigen. Dessen Pfeiler und sein Turm, die Daint de Mesdi (der ladinische Ausdruck für »Mittagszeiger«) sind lauter schlanke Gipfel, die keinen Kletterer unberührt lassen. So ist der starke Andrang auf diesem schönen Klettersteig

Der Gipfel des Exnerturms von der Pisciadühütte aus gesehen, der Klettersteig endet an dieser Wand und der Hängebrücke links.

Einstieg zum Klettersteig unterhalb des überhängenden Exnerturms.

Pisciadùspitze und Pisciadùsee.

Die Leitern vor dem Ausstieg. Unten die Ausweichroute.

Der Exnerturm scheint sich über den Bergsteiger zu neigen.

Via ferrata Albino Michielli-Strobel —— 17

Punta Fiames (2240 m)

Lage: Pomagagnongruppe; die Punta Fiames liegt 4 km von Cortina entfernt, rechts oberhalb der Straße nach Toblach.

Ausgangspunkt: Parkplatz beim Gasthof Fiames am Rand der Straße.

Zeit: 1 Std. Zustieg; 2–3 Std. Ferrata; 45 Min. bis 1,5 Std. Abstieg, je nachdem, ob man über Schutt abfahren kann oder nicht.

Höhenunterschied: 300 m Zustieg; 650 m Klettersteig.

Schwierigkeit: Wegen der wenigen Steighilfen stellenweise heikler Klettersteig. Insgesamt recht luftig, aber nur mittelschwer auf Grund der vielen Stellen, an denen man sich auf breiten, buschbestandenen Bändern fortbewegt.

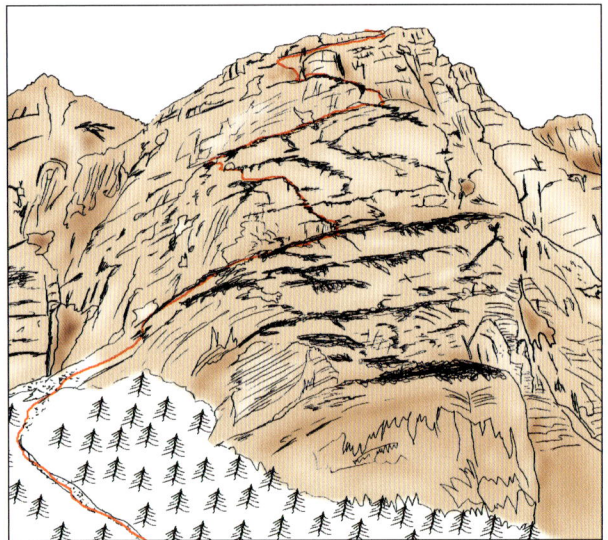

Dieser Klettersteig gehört wegen seiner Nähe zu Cortina d'Ampezzo fast noch zum Stadtgebiet. Weitere »städtische Merkmale« hat er allerdings nicht, denn man wird rasch bemerken, dass man sich im Gebirge bewegt und der Höhenunterschied eine gewisse Ausdauer erfordert, der Stadt und Straße schnell vergessen macht. Am Gipfel befindet man sich in einer recht wilden und alpinen Umgebung. Die Länge der Ferrata und die weitläufige Gegend können den großen Andrang verkraften.

Dieser Klettersteig zeichnet sich durch seine ausgesprochene Logik aus. Es ist kein Wunder, dass sich in den Dolomiten, die so stark geschichtet sind, nicht nur die Dohlen tummeln, denn die zahllosen Bänder laden geradezu zum Wandern ein. Das zeigt auch dieser Klettersteig, der zudem ein paar sportliche Anforderungen stellt.

Am meisten Vergnügen bereitet vielen jedoch sicher der Abstieg, vor allem wenn es kurz zuvor geregnet hat. Die von Cortina aus gut sichtbare Rinne des Pomagagnon bietet Gelegenheit zu einer der schönsten Schuttabfahrten, die es gibt. Nach einer Trockenperiode wird einem der Abstieg auf dem harten Untergrund in der Rinne allerdings sehr zu schaffen machen.

Der Klettersteig wird durch ein kleines Schild an der Landstraße gegenüber dem Gasthof Fiames angezeigt, wo sich der Parkplatz befindet. Einem kleinen Pfad folgend, kreuzt man einen Weg und zweigt dann rechts auf einen Steig ab. Nach etwa 10 Min. führen links Spuren in ein recht steiles und steiniges Gelände. So gelangt man zum äußersten linken Rand des großen Bandes, auf dem ein Bronzeschild darauf hinweist, dass der Klettersteig dem Bergführer Albino Michielli-Strobel gewidmet ist. Man folgt dem Band eine ganze Weile relativ mühelos. Drahtseile ermöglichen den Einstieg in ein System aus Platten und recht steilen Kaminen, die überraschen mögen, da man wegen der nicht vorhandenen Steighilfen auf Klettergrundkenntnisse zurückgreifen muss. Kleine Bänder auf der Linken unterbrechen diese Passagen. Auf einem von ihnen, dieses Mal rechts gelegen, lang ansteigend zu einem Pfad in den Latschen. Weiter über einige weniger steile Wandstufen und auf einem Grat, der an einer eindrucksvollen Schuttrinne entlang verläuft. Hier findet man endlich Klammern und eine senkrechte Leiter vor. Über einige leichtere Felsstufen zum Gipfel.

Abstieg: Ein Weg quert ostwärts zur Forcella del Pomagagnon am oberen Ende der großen Geröllrinne, die man

von Cortina aus sieht. Sie ist mit kleinen Steinen und Sand gefüllt, und wer die Abfahrt auf Geröllfeldern beherrscht, kommt innerhalb weniger Minuten unten an – es sei denn, der Regen ist schon lange ausgeblieben, was aber selten ist ... Man muss die Steinmänner im Auge behalten, die einen gelegentlich dazu verleiten, Lawinenrinnen zu queren, und zwar insbesondere im unteren Bereich. Dort muss man sehr auf den Weg achten, der nach rechts quert und dann durch den Wald wieder zur Straße führt.

Anmerkung 1: Am Fuße der Geröllrinne befindet sich ein Hinweis auf die »terza cengia« des Pomagagnon. Dabei handelt es sich um das »Dritte Band«, das schräg durch die große Südwand dieses Gipfels verläuft. Es ist drahtseilgesichert und wird sehr rasch ausgesprochen luftig. Vom Gipfel führt es weiter auf Steig Nr. 205 zur Forcella Zumeles, von wo es über Steig Nr. 204 auf der Cortina zugewandten Seite wieder talwärts geht. Von der Forcella Zumeles gelangt man übrigens zum Val Padeòn, über das man den Ivano-Dibona-Höhenweg ansteuern kann (Route Nr. 1, S. 22).

Anmerkung 2: Von Cortina kommend, bemerkt man auf der linken Seite der Straße nach Toblach eine elegante Felspyramide, Col Rosa (2166 m) genannt. Auf ihr verläuft die Ferrata Ettore Bovero, auf die hier nicht näher eingegangen wird, da sie kaum lohnenswert ist. Auf 4 Std. Wanderung kommen 15 Min. Klettersteig (130 m Drahtseil). Bei schlechtem Wetter kann sie dennoch eine Alternative sein. Der Ausgangspunkt befindet sich auf dem Parkplatz des Campingplatzes Olympia, 800 m unterhalb vom Gasthof Fiames, aber auf der anderen Seite der Boite.

Die einzigen Leitern befinden sich im letzten Abschnitt.

Cortina d'Ampezzo am Fuße der Cristallo-Pomagagnon-Gruppe mit der Punta

Via ferrata delle Trincèe ——————— 18

La Mesola (2727 m)

Lage: Marmoladagruppe; der Klettersteig liegt gegenüber der Gletscherseite
der Marmolada. Er verläuft über den Gebirgskamm, der das Pordoital
vom Fedaiatal trennt.

Ausgangspunkt: Arabba, Porta-Vescovo-Seilbahn von Norden; man kann
auch auf der Südseite zu Fuß vom Fedaiasee aus ansteigen.

Zeit: 15 Min. von der Bergstation der Seilbahn oder 1,5 Std. vom Fedaiasee;
1,5 Std. Klettersteig; 1,5 Std. zusätzlich, wenn man auf dem Sentiero
attrezzato Crepes de Padon weitergeht; 1,5 Std. Abstieg vom Bivacco
Bontadini nach Arabba bzw. 40 Min. nach Fedaia.

Höhenunterschied: Von der Bergstation (2478 m) zum Gipfel der Mesola
(2727 m) 249 m, davon 130 m auf der Ferrata delle Trincèe (zusätzlich etliche Querungen auf Bändern und Graten); die Crepes de Padon
fallen sanft zum Bivacco Bontadini auf 2552 m ab. Bei Aufstieg von
Fedaia 570 m bis zum Beginn des Klettersteigs.

Schwierigkeit: Interessante Passagen auf dem Klettersteig, vor allem am
Anfang, wo große Armkraft gefragt ist, da es keine Steighilfen für die
Füße gibt (steil und heikel, wobei der Fels recht gute Griffe bietet);
eher klassischer Verlauf in den Crepes de Padon, die nur stellenweise
gesichert sind.

Anmerkung: Angesichts des sportlichen und kulturellen Aspekts der Ferrata
muss man auf großen Andrang gefasst sein.
– Für die Crepes de Padon, auf denen man mehrere absolut dunkle
ehemalige Militärtunnel durchläuft, unbedingt Taschenlampe
mitnehmen.
– Neben dem Rifugio Passo Padon befindet sich ein winziges
Museum, in dem der Krieg in den Dolomiten dokumentiert ist.

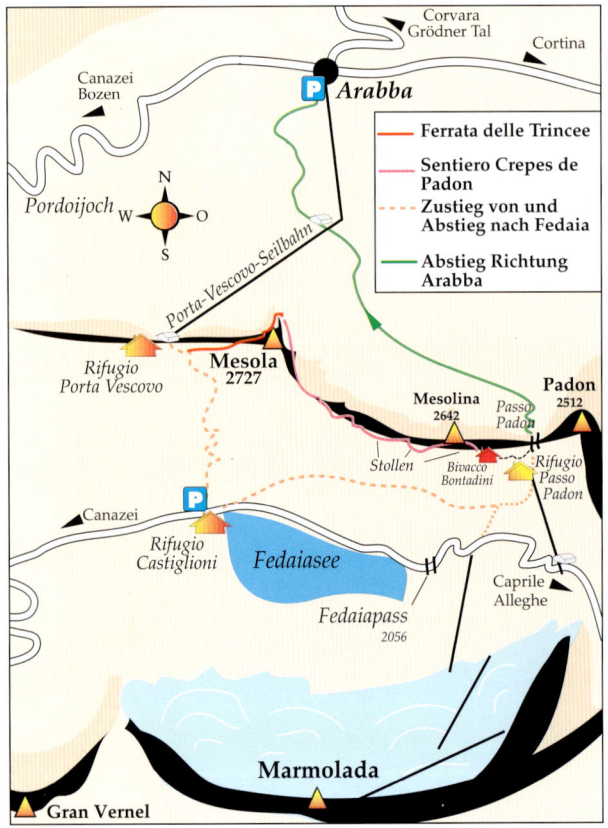

*K*lettersteig der Schützengräben – so lautet der Name
dieser Ferrata. In der Tat lassen die zerklüfteten, von
Tunneln durchzogenen Kämme der Mesola und des Padon etliche Spuren aus dem Ersten Weltkrieg erkennen.

Auf dem vulkanischen Grat der Mesola. Hinten rechts der Piz Boè, mit 3152 m die höchste Erhebung der Sellagruppe.

Der Klettersteig verläuft gegen Ende hin durch die ehemaligen Militärstollen. Hier haben sich die österreichischen Soldaten gegen die an der Marmolada zusammengezogenen italienischen Truppen formiert. Die Eiskappe, die die Nordseite des höchsten Dolomitengipfels bedeckt, hat man übrigens auf der Route stets im Auge.

Einzig der Beginn dieses Klettersteigs kann als schwierig bezeichnet werden. Er führt durch eine kleine,

18 – Via ferrata delle Trincèe

fast schwarze Wand, deren wenige Griff- und Trittmöglichkeiten vulkanischen Ursprungs sind, was dieser Ferrata gegenüber den übrigen einen deutlich anderen Charakter verleiht. Auch im weiteren, eher luftigen Verlauf bleibt der Klettersteig sehr reizvoll und abwechslungsreich, zumal der historische Kontext stets präsent ist.

Von der Bergstation der Seilbahn östlich den Hinweisschildern zum Klettersteig folgen. Dieser beginnt mit einer recht steilen Wand, die nur mit einem Drahtseil gesichert ist. Nach einigen durchschnittlich athletischen Passagen gelangt man über einen schönen, schmalen Grat mit einer Hängebrücke bis kurz vor den Gipfel der Mesola (Sass de Mezdì auf Ladinisch), den man schnell erklimmen kann. Dann über Grashänge unterhalb, bevor man nach links (Überreste von Stellungen) auf ein breites Band zurückkehrt. Steil absteigend zu einem Band, das den Nordgrat umrundet und in die ostseitigen Grassteilhänge mündet. Von dort im Hang auf einem kleinen Steig, der sich südöstlich auf einem luftigen Grat fortsetzt (zahlreiche Kriegsspuren). Über einige Drahtseilpassagen und vorbei an eigenartigen Monolithen gelangt man zu einer ersten

Felsöffnung rechts. Nach nur wenigen Metern hat man den Felsriegel gequert, doch kehrt man nicht auf die Südseite zurück, sondern biegt links in einen angrenzenden Tunnel. An dessen Ausgang weiter über einen kleinen Weg, der am Grat zu enden scheint, jedoch weiter rechts zum versteckten Eingang eines weiteren Tunnels führt. Wenn man diesen durchquert hat, folgt man dem Weg unterhalb des Grats. Nach einer recht schwierigen Drahtseilpassage erreicht man den dritten und längsten Tunnel, der zum Bivacco Bontadini führt. Die winzige Hütte wird in der Regel von einer großen Menge belagert, die mit der Gondelbahn zum Passo Padon (2369 m) hinaufgefahren oder von der Capanna Bill hierher gekommen sind. Zum Pass gelangt man auf gutem Weg in 10 Min. und findet dort das Rifugio Passo Padon vor. Dann über Pfade, die zunächst lange queren und dann unterhalb der Gondelbahn weiterführen, auf dem Arabba zugewandten Hang hinunter. Von der Zwischenstation gelangt man über die Skipisten rasch nach Arabba.

Wenn man vom Fedaiasee aufgestiegen ist, muss man vom Passo Padon lediglich den Südhang abwärts und oberhalb des Stausees queren, um zum Rifugio Castiglioni und zum Parkplatz zurückzukehren.

Auf dem Sentiero Minazio.

Abstieg von der schwindelerregenden Ferrata Berti. San Vito di Cadore liegt 1700 m weiter unten.

19 – Sorapiss-Umrundung

Ein schneller, stellenweise sehr zerklüfteter Abstieg führt in 30 Min. zum Bivacco Comici, das geschützt unter ein paar Bäumen am Ende einer engen Schlucht liegt. Von dort gelangt man auf einem Weg absteigend ins Ansieital – für den Fall, dass man sich auf den Vandelli-Klettersteig beschränken möchte – und gelangt per Anhalter wieder hinauf zum Passo Tre Croci. Der Rundweg aber setzt sich mit einem kurzen, harten Anstieg zur Forcella Bassa del Banco (2128 m) fort. Von dort bietet der Sentiero Minazio zwei Möglichkeiten: entweder einen drahtseilgesicherten Steilhang oder einen leichteren Steig, der etwas oberhalb der Forcella endet. Beide treffen 300 m weiter aufeinander. In der Folge kommt man auf dem mit Latschen durchsetzten, zwischen 2000 und 2200 m ständig an- und absteigenden Weg nur langsam voran. Dieser steigt schließlich westwärts steil an und mündet auf etwa 2250 m auf einer flachen Alm. Von dort entweder scharf rechts ansteigend (spärlich markierter Steig und Kar) und entlang der Felswände bis zum Bivacco Slataper. Oder, was die bessere Variante zu sein scheint, weiter über die Alm (rote Markierung mit Hinweis auf das Rifugio San Marco). Auf diese Weise gelangt man zu dem waagerecht verlaufenden Steig, der vom Rifugio San Marco herführt; rechts auf ihn abbiegen und ansteigend bis zum Bivacco Slataper. Von dort in 10-minütigem, geruhsamerem Marsch zur Forcella del Bivacco, dem höchsten Punkt der Route (2670 m). Beim überraschenden Tiefblick auf die andere Talseite stockt einem der Atem. San Vito di Cadore liegt 1700 m unterhalb ...

Die Ferrata Berti beginnt mit einem geradlinigen Band, um dann unvermittelt auf Leitern durch die Wandabstürze hinunterzuführen. Man landet auf einer sehr gefährlichen Schutterrasse (Steinschlag), wo sich in der Regel die einzige Wasserstelle auf der gesamten Route befindet. Über einige Leitern wieder ansteigend zur Cengia del Pis. Man folgt diesem Band, mit schönem Blick auf den gegenüber im Süden liegenden Antelao, den höchsten Gipfel der Ostdolomiten, und gelangt zur Cengia del Banco. Sprachlos steht man vor den riesigen Orgelpfeifen des Sorapiss. Das Band ist breit, und durch den Schutt führt eine gute Spur. Auf ihm erreicht man am Ende auf etwa 2500 m die Forcella Sora la Cengia del Banco, von wo aus man auf das kleine Sorapisstal blickt, dem im Norden die Punta Nera (2847 m) mit ihren Satelliten vorgelagert ist (durch eine Passage gelangt man aufsteigend zu einer Scharte hinter diesem Gipfel und damit zum Rifugio Tondi, 2327 m, doch der Weg ist weit und zerklüftet). Über einige Stufen erreicht man den Talschluss, von wo aus man nur noch die Moräne bis zum Sorapisssee unterhalb des Rifugio Vandelli hinabfährt.

Die Route führt nordseitig unterhalb des Sorapiss vorbei, der einen der wenigen wirklichen Gletscher in den Dolomiten beherbergt.

Über die Cengia del Banco gelangt man ins Sorapisstal, das sich vor der Punta Nera (im Hintergrund) öffnet.

Vie ferrate Zacchi, Berti und del Marmol — 20

Schiara (2565 m)

Lage: Schiaragruppe, oberhalb von Belluno.

Ausgangspunkt: Rifugio 7° Alpini (1502 m), 3 Std. von Case Bortot (700 m) entfernt, das 7 km nördlich von Belluno, am Ende der Straße Bolzano – Bellunese liegt.

Zeit: 45 Min. Zustieg; 2 Std. für die Ferrata Zacchi; 1 Std. zum Gipfel der Schiara auf der Ferrata Berti. 3 Std. Abstieg auf der Ferrata del Marmol.

Höhenunterschied: Zustieg etwa 250 m; vom Fuß der Wand zum Gipfel etwa 800 m.

Schwierigkeit: Zwar gibt es einige heikle und luftige Passagen, namentlich in der Ferrata Zacchi, doch findet man nirgends starke Überhänge, und insgesamt ist die Tour eher mittelschwer. Eindrucksvolles Ambiente.

Anmerkungen: Auf den Klettersteigen Sperti, Zacchi und Marmol gibt es jeweils im oberen Drittel ein Bivacco (9 Plätze, Decken vorhanden). Für den Abstieg vom Marmol sind Lederhandschuhe empfehlenswert.

Oberst Luigi Zacchi und einer Gruppe von Gebirgsjägern. Die Kombination der beiden Klettersteige Berti und del Marmol ermöglicht eine logische Durchquerung der Schiara. Sie zählt heute zu den Klassikern, um so mehr, als die Ferrata del Marmol Wanderern auf dem Dolomitenhöhenweg Nr. 1 den Abstieg nach Belluno ermöglicht.

Von der sich links anschließenden Ferrata Sperti kann man nicht dasselbe behaupten. Von welcher Seite man sie auch betrachtet: Sie ist schlicht überflüssig. Die Italiener haben sich in der Vergangenheit zuweilen durch regelrechte »Sicherungsschübe« hervorgetan, was dieser Klettersteig veranschaulicht. Das kommt auch in dem Übermaß an Biwakhütten zum Ausdruck, die vielleicht nicht alle unverzichtbar waren ...

Die erstaunliche Gusèla del Vescova zwischen Ferrata Zacchi und Ferrata Berti.

Im Vergleich zu den übrigen Dolomitengruppen befindet sich die kleine Schiaragruppe etwas abseits. Sie liegt am Ende der Autobahn, die quer durch Norditalien und dann ab Venedig nordwärts führt.

Oft ist diese mit Türmen, Felsnadeln und schmalen Monolithen geschmückte Wand in Nebel gehüllt, der von der Adria herüberzieht – ein märchenhaftes Schauspiel, in dem man sich recht klein fühlt. Dabei ist die Südwand der Schiara nicht einmal die größte der Gruppe; das ist die 1200 m hohe Burèlwand links von ihr.

Die Gruppe ist nicht sonderlich groß oder hoch, und sie liegt in unmittelbarer Nähe von Belluno (der Stadt, in der Dino Buzzati lebte); dennoch verdient sie durchaus Beachtung, und die Klettersteige, die durch sie verlaufen, gehören zu den schönsten Routen in den Dolomiten. Die Ferrata Zacchi war der erste Klettersteig, der nach Kriegsende eingerichtet wurde, von

Vom Rifugio 7° Alpini (gesprochen: *Settimo* Alpini) auf steilem Steig direkt zum Fuß der Wand. Der Einstieg zur Ferrata Zacchi befindet sich auf etwa 1800 m rechts von einer Höhle, an deren Ende eine eigenartige, nicht wirklich schöne moderne Freskenmalerei prangt. Man startet in einer sehr tief eingeschnittenen Rinne, die man linksseitig über ein Band und zwei Leitern verlässt. Nach einer latschenbestandenen Terrasse erblickt man rechts das von der Ferrata del Marmol herabführende Band, über das man später absteigen wird. Weiter über Stufen zu einem schwierigen, etwa 15 m hohen Kamin, der zur nächsten Terrasse führt. Es folgt eine Reihe von recht steilen Pfeilern, die lediglich mit einem Drahtseil gesichert sind. Erneut leicht rechtsseitig und weiter auf dem Band der Ferrata Zacchi, das immer schmaler und ausgesetzter wird. Der Steig mündet beim Bivacco Ugo della Bernardina auf 2320 m am Grat, unmittelbar neben der Gusèla del Vescova, einem schlanken Monolithen von etwa

20 – Vie ferrate Zacchi, Berti und del Marmol

Abstieg über die Ferrata del Marmol.

40 m Höhe, den man mit Seil und Kletterausrüstung (IV. Schwierigkeitsgrad) erklimmen kann.

Setzt man den Weg hinter der Gusèla fort, stößt man auf den Beginn der Ferrata Sperti, die den Grat des Pale del Balcon quert und über einen langen und komplizierten Weg (Biwakhütte auf 2000 m) wieder hinunter zum Rifugio 7° Alpini führt.

Zum Gipfel der Schiara allerdings begibt man sich links vom Biwak auf die Ferrata Antonio Berti. Durch einen engen Spalt in eine Geröllrinne und zu einer Scharte. Schnell erreicht man den zwar luftigen, aber mit Leitern gut gesicherten Gipfelgrat.

Vom 2565 m hohen Gipfel geht es dann in unschwieriger Kletterei absteigend über den ausgesetzten, drahtseilgesicherten Südostgrat, anschließend weiter über einen Schrofenhang und in Richtung der Forcella del Marmol zum Anfang der gleichnamigen Ferrata. Rechts abzweigend befindet man sich kurz darauf am Bivacco del Marmol oder Bocco (2266 m).

Weiter über enge Felsvorsprünge, bevor ein Steig rechts abzweigt und über eine Leiter zum Ende einer Schlucht führt. Nach einem großen Band und einer weiteren Reihe von Leitern gelangt man zu dem Band, an dessen Ende die Ferrata Zacchi abzweigt.

Punta Serauta (2962 m)

Lage: Marmoladagruppe; bei der Punta Serauta handelt es sich im Grunde um einen Vorgipfel östlich der Marmolada.

Ausgangspunkt: Fedaiapass (2056 m) am östlichen Ende des Fedaiasees.

Zeit: 30 Min. Anstieg; 3 Std. im ersten Teil (Platten); 2 Std. im zweiten Teil (Grat). Abfahrt mit der Seilbahn möglich. Zu Fuß 1,5 Std. über die Skipiste am Marmoladagletscher (sofern dessen Zustand es zulässt) oder, sportlicher und schöner, östlich über das kleine Antermoiatal, an dessen Ende man über die kleine Ferrata degli Alpini gelangt (2,5 Std.).

Höhenunterschied: Querender Anstieg; 850 m drahtseilgesicherte Platten bis zur Punta Serauta. Ab dort umfasst die lange Gratquerung zahlreiche An- und Abstiege, bleibt aber insgesamt auf gleichmäßiger Höhe.

Achtung: Der Abstieg über das Antermoiatal führt 1350 m weit hinab (man kommt unterhalb des Ausgangspunktes an).

Schwierigkeit: Die Platten sind nicht sehr steil (45°), aber lang. Der Grat ist technisch sehr viel anspruchsvoller: einige athletische Passagen beim An- und Abstieg, wenig Steighilfen, abgesehen von einigen Kriegsüberresten, die eher hinderlich als hilfreich sind. Schneereste können das Vorankommen erschweren. Die Hauptschwierigkeit dieser Ferrata ist ihre Gesamtlänge, die Gletschersituation und der Kondition verlangende Plattenanstieg.

Anmerkung: Erhebliches Steinschlagrisiko durch Voraussteigende auf den Plattenschüssen.

– Wer schlau ist, nimmt natürlich die weniger anstrengende Lösung und geht die Route in umgekehrter Richtung. Hinauf gelangt man mit der Seilbahn und ist dann sofort auf dem Grat. Keine zwei Stunden später ist man am Einstieg an den Platten. Diese kann man, wenn man ein Paar gute Lederhandschuhe opfert, in einer knappen Stunde abklettern. Keine schlechte Lösung, zumal bei unsicherem Wetter …

Siehe Skizze zu Route Nr. 10 (Marmolada – Westgrat), S. 48.

Eigentlich trägt diese ungewöhnliche Route den Namen *Brigata Cadore* (benannt nach der Alpini-Brigade, die diese Route gesichert hat), doch wurde sie auf Grund der immens langen Platte im ersten Teil, die 800 m Höhenunterschied umfasst, schnell in *Brigata Eterna* (bedeutet »endlos«) umbenannt. Vergleichbares wird man in den übrigen Alpen vergeblich suchen. Wenn man die Cosinus-Rechnung einigermaßen gut beherrscht, wird man zu dem Ergebnis kommen, dass das Drahtseil bei einer durchschnittlichen Neigung von 45° etwa 1300 m lang sein muss. Das Risiko eines zu großen Andrangs geht hier folglich gegen null, vor allem wenn man bedenkt, dass die Route insgesamt mit einer Rekordlänge von 2500 m Drahtseil ausgestattet ist …

Die eigentliche technische Schwierigkeit dieser langen Ferrata bietet der vom Marmoladagletscher eingerahmte Grat, der sich an die Platten anschließt. In manchen Passagen kommen die Arme zum Einsatz, und häufig liegt Schnee, aber angesichts der erhabenen Kulisse machen sich die Mühen bezahlt. Einigermaßen ernüchternd wirken natürlich immer Zaungäste an einer Bergstation, die für das Schauspiel lediglich eine Fahrkarte lösen müssen …

Die Anlagen, mit denen die Marmolada ausgestattet wurde, dienen – sommers wie winters – vor allem dem Skisport. Man kann für den Abstieg auch die Seilbahn verwenden, aber man stelle sich den Ort einen Moment lang ohne vor …

Nachdenklich stimmende Spuren aus dem Dolomitenkrieg finden sich noch immer am Ende des Klettersteigs, in einer »heiligen Zone«. In dem Museum, das sich in der Bergstation der Seilbahn befindet, erfährt man, dass unter dem Gletscher 10 Kilometer Tunnel gegraben wurden … Dort hatten die Soldaten Holzhütten errichtet; Holzfeuer spendeten ihnen Wärme. Wie lange sie benötigten, um das Holz ohne Lastenaufzug heraufzubefördern, wird nicht erwähnt. Sicher ist, dass die Dolomiten uns nicht nur wegen ihrer Riesenhaftigkeit und ihrer Schönheit beschäftigen …

Ankunft in der »heiligen Zone«.

Am Rifugio Passo Fedaia (in Wirklichkeit ein Hotel und Restaurant) parken. Der Steig beginnt östlich, führt leicht bergab und weiter unten entlang dem Felsriegel. Schräg ansteigend zum Fuß der Platten, rechts von einer großen, muschelförmigen Ausbuchtung. Ein Bronzeschild zeigt den richtigen Namen der Ferrata an (Brigata Cadore). Für den weiteren Verlauf erübrigt sich die topografische Karte. Im Klartext: Man befindet sich am Fuß einer 800 m hohen Platte, und die klettert man hinauf …

Die Kämme der Punta Serauta treffen auf einer luftigen, nordwestlich ausgerichteten Platte kurz vor dem eigentlichen Gipfel zusammen. Ab hier meistens querend über den steilen und oft vereisten Nordwesthang. Passagen auf dem Grat selbst sind selten. Durch ein mit Leitern gesichertes Loch gelangt man auf die andere Hangseite und steigt eine sehr steile Verschneidung hinab; sie ist mit verbogenen Eisenstangen versehen, die noch aus dem Krieg stammen. Jetzt befindet man sich in der »heiligen Zone«, unweit der Bergstation der Seilbahn.

Auf dem Kamm der Punta Serauta. In der Mitte die Bergstation der Seilbahn, rechts davon der Marmoladagletscher.

21 – Marmolada – Via ferrata Eterna

Der Übergang von den Platten auf den Kamm ist besonders eindrucksvoll und schwindelerregend. Unten der Fedaiapass.

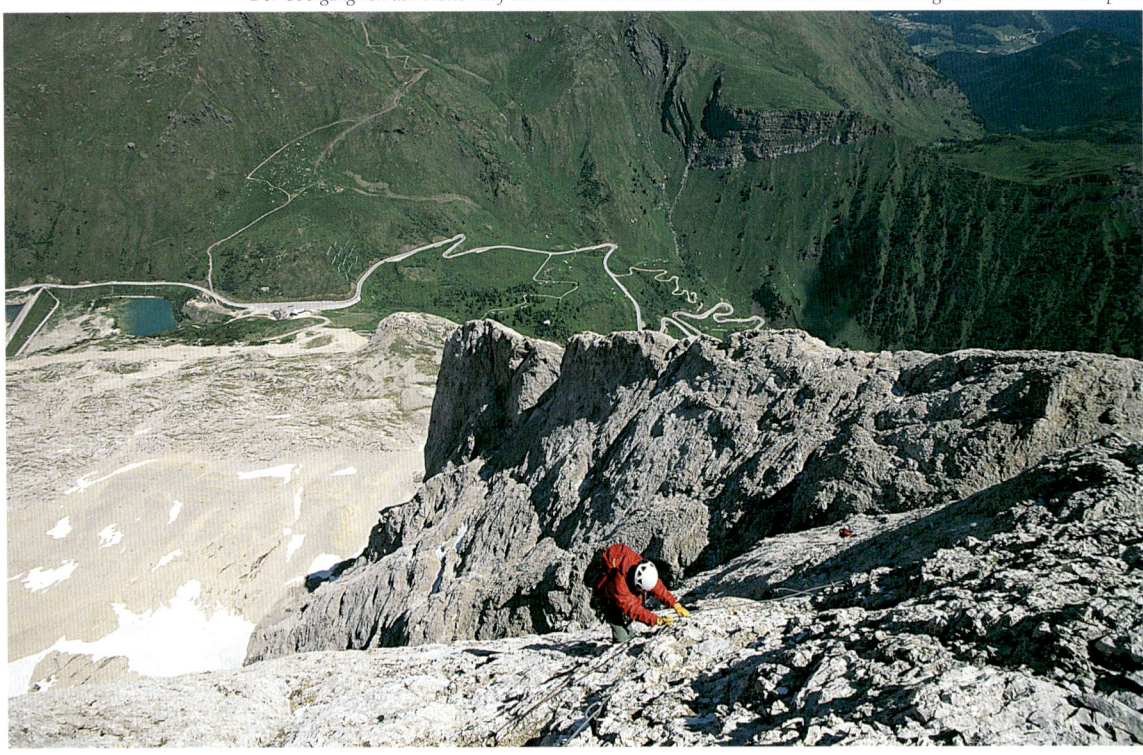

Der Fedaiasee und, im Profil, die 800 m hohe Platte. Der Sass dles Undesc verdeckt Teile des Grats.

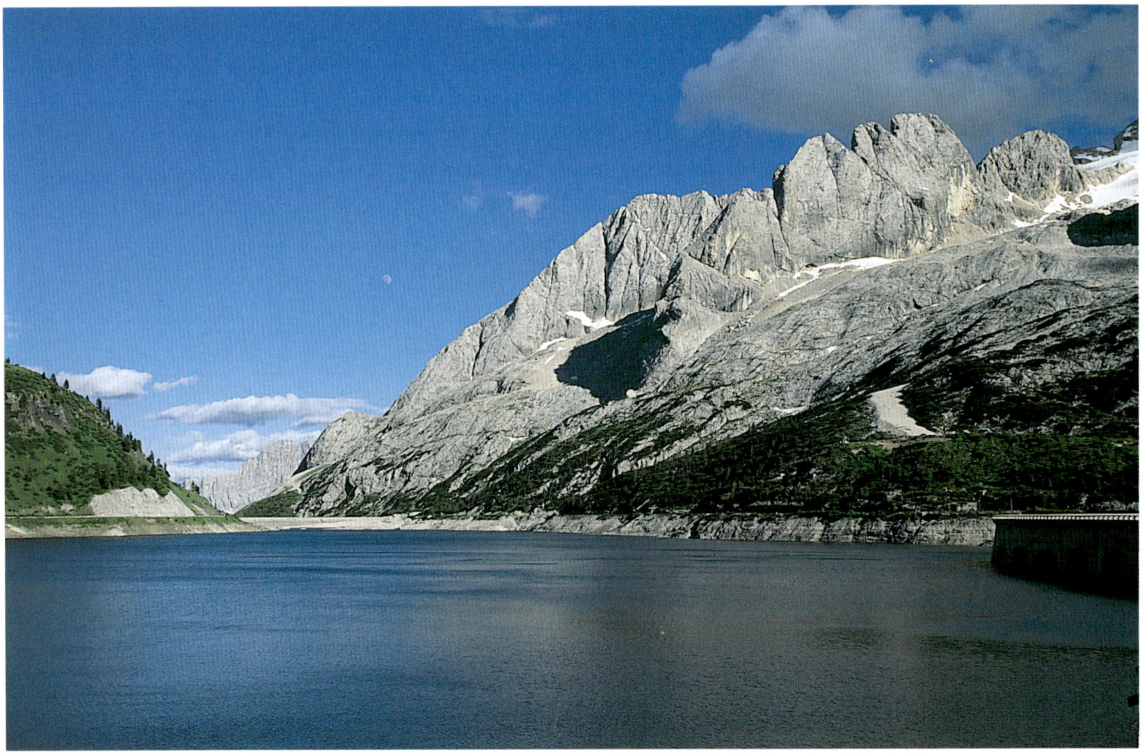

In der 800 m hohen Platte im ersten Abschnitt des Klettersteigs. Unten die Capanna Bill auf der Straße nach Fedaia.

Pößnecker Klettersteig ———————— 22

Piz Selva (2941 m)

Lage: Westseite der Sellagruppe.

Ausgangspunkt: Sellajoch (2244 m) zwischen Canazei und dem Grödner Tal, Parkmöglichkeiten am Pass.

Zeit: 20 Min. querender Anstieg; 3 Std. Klettersteig (sportliche Zeit 1,5 Std.); Abstieg 2 Std.

Höhenunterschied: 100 m beim Anstieg, weitere 600 m auf dem Klettersteig.

Schwierigkeit: Der erste Teil verläuft über eine nahezu senkrechte Felswand von über 200 m Länge. Anspruchsvolle Route, für die man klettertechnische Grundfertigkeiten beherrschen sollte, da nur wenige Trittmöglichkeiten vorhanden sind. Der Blick in die abgründige Tiefe ist stets gegenwärtig. Dem breiten Band auf mittlerer Höhe folgt der sehr viel leichtere Felsriegel im oberen Teil.

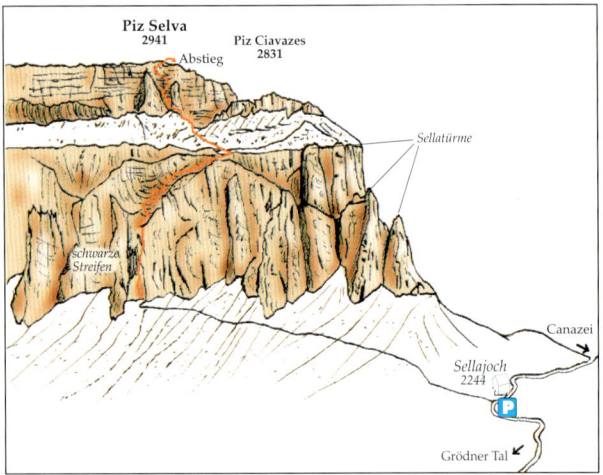

Gemeinsam mit dem Westgrat der Marmolada ist der Pößnecker Steig (Via ferrata delle Meisules) die klassische historische Route. 1912 wurde sie von der Sektion Pößneck des DÖAV eingerichtet. Damals war die Gegend Teil der österreichisch-ungarischen Donaumonarchie; erst nach dem Ersten Weltkrieg fiel sie an Italien.

Noch heute staunt man angesichts des Wagemuts der damaligen Erbauer, denn dieser Klettersteig ist einer

Die Sellagruppe vom Langkofel aus. Auf dieser Seite verläuft der Pößnecker Klettersteig.

22 – Pößnecker Klettersteig

der steilsten in den Dolomiten überhaupt. Im ersten Teil wird auf fast direktem Weg eine Wand von über 200 m Länge überwunden. Da der Fels sehr griffig ist, kommt man allerdings gut voran. Trotz der Schwierigkeit handelt es sich um einen der begehrtesten Klettersteige, und insbesondere für deutschsprachige Klettersteigfreunde scheint es sich um eine Art Wallfahrtsort zu handeln. Wenn man den größten Andrang umgehen will, sollte man sich unbedingt nachmittags auf den Weg machen, zumal die Sonne erst spät auf die Steilwand trifft.

Die Sellagruppe ist zwar eine der kleinsten Dolomitengruppen, doch bietet sie mit am meisten Kletter- und Wandermöglichkeiten auf gesicherten und ungesicherten Routen. Ein breites Band umgibt sie auf sämtlichen Seiten. Von diesem Band erreicht man den Pisciadù-Klettersteig, und von hier aus erfolgt auch der Einstieg zur gefürchteten Piazzetta. In der Mitte der hier beschriebenen Route folgt man dem Band eine ganze Weile, bevor sich der zweite, klassischere Teil anschließt, der im Vergleich zum ersten ganz anders geartet ist. Auf dem Abstieg entdeckt man die irreale Landschaft eines kleinen Hochplateaus, die einen Vorgeschmack auf die große Steinwüste der Palagruppe gibt.

Im oberen Abschnitt. Im Hintergrund der Langkofel.

Verschiedene Ansichten der drei Sellatürme, dem von Kletterern meistfrequentierten Ort der Dolomiten.

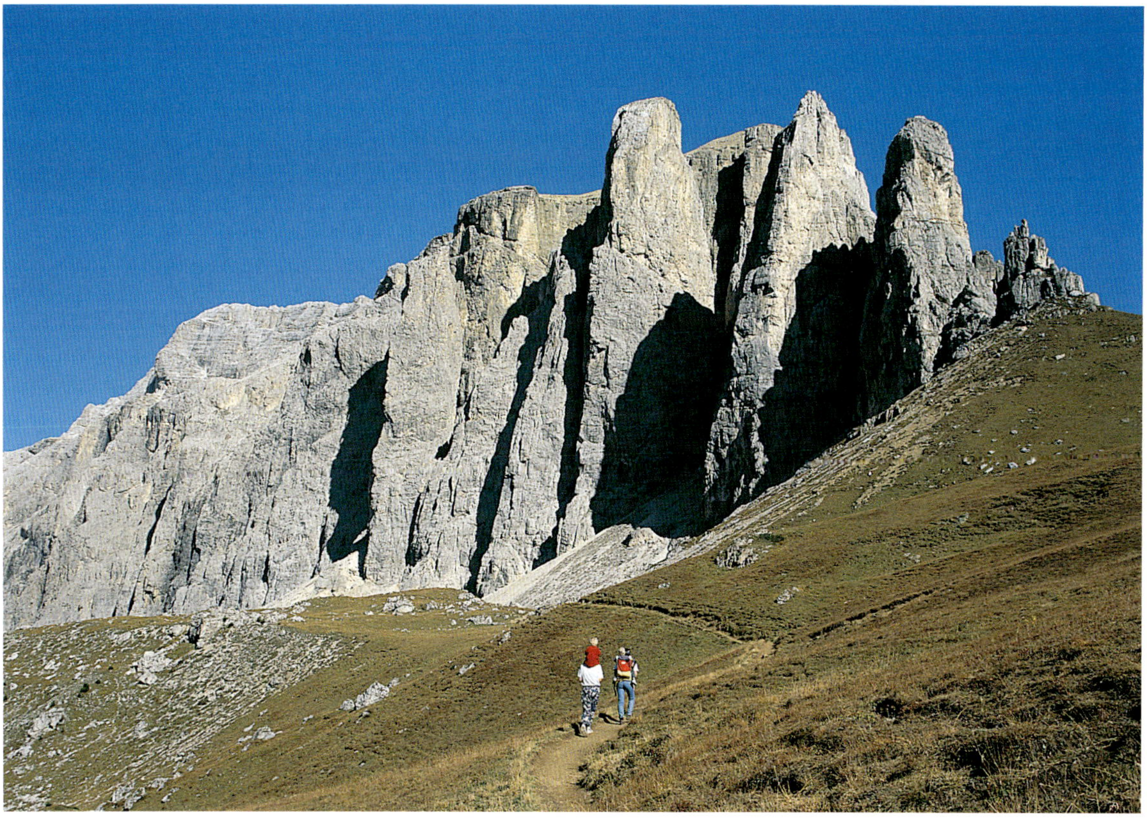

Vom Sellajoch unterhalb der berühmten drei Sellatürme, die von zahlreichen Kletterern bestürmt werden, nordwestlich queren. Die einige hundert Meter weiter links befindliche Meisules-Steilwand erkennt man leicht an einem großen, schwarzen Streifen; rechts davon verläuft der Klettersteig.

Nach dem nur mit einem Drahtseil gesicherten Beginn nimmt man eine Reihe von Kaminen in Angriff, die seitlich mit Leitern gesichert sind. Zu beachten ist ein 30 m langer Abschnitt ohne Drahtseil, auf dem man sich an den Leitern selbst sichern muss. Der weitere Verlauf ist sehr anspruchsvoll; man behilft sich mit dem ausgesprochen griffigen Fels, der überall Haltemöglichkeiten bietet. Der Ausstieg führt auf ein Band. Von dort erreicht man einen halbrunden Kessel, durch den ein eintöniger Weg verläuft. Wenn man endlich das große Band auf mittlerer Höhe erreicht, quert man links etwa 15 Min. bis zu dem breiten Joch. Nach einem Geröllfeld mit großen Blöcken kann man über ein Band am Fuße einer Schlucht rechts queren (links von einem gelben Turm); durch diese über drahtseilgesicherte Stufen ansteigend bis zum Gipfel.

Abstieg: Das *Altopiano*[1] delle Meisules über Steig Nr. 649 bis zur Forcella Antersas queren. Dann über Steig Nr. 647 absteigend in das Val Lasties bis zur Straße unterhalb vom Sellajoch bei Höhenangabe 2053 m, unterhalb der Südseite des Piz Ciavazes, an dem wahre Trauben von Kletterern hängen. Zurück zum Fahrzeug gelangt man nach etwa 3 km Fußmarsch auf der Straße entlang dieser großen Steilwand.

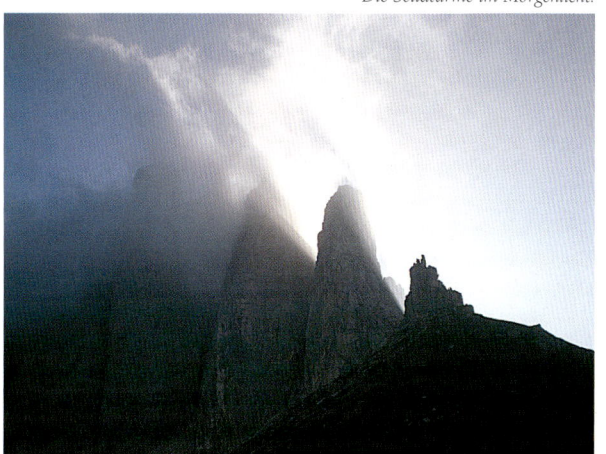

Die Sellatürme im Morgenlicht.

[1] Altopiano = Hochplateau. Von der ersten Scharte (Forcella dei Camosci oder dai Ciamorces auf Ladinisch) kann man über Steig Nr. 677 schnell nordwärts zur Pisciadùhütte absteigen. Zu diesem Rifugio siehe Route Nr. 16.

Via ferrata Giuseppe Olivieri _____ 23

Punta Anna (2731 m) und Tofana di Mezzo (3244 m)

Lage: Tofanagruppe; die Tofana di Mezzo ragt westlich von Cortina d'Ampezzo auf, und die beiden aufeinander folgenden Klettersteige führen im Großen und Ganzen über den linken Grat (von Cortina aus gesehen).

Ausgangspunkt: Rifugio Dibona (2050 m), siehe Route Nr. 11.

Zeit: 1 Std. Zustieg; 1,5 Std. zur Punta Anna; 2–3 Std. zusätzlich für die Tofana di Mezzo. Zahlreiche Klettersteiggeher beenden die Tour am *Bus de Tofana (Felsenfenster)*, 1,5 Std. von der Punta Anna entfernt.

Abstieg: Je nach Endpunkt der Route gibt es mehrere Möglichkeiten:
– vom Band zwischen der Punta Anna und dem Dritten Pomedesturm führt ein gesicherter Steig in weniger als 1 Std. zurück zum Rifugio Pomedes.
– vom Bus de Tofana über ein Geröllfeld und einen Steig in 1,5–2 Std. zurück zum Rifugio Dibona.
– von der Tofana di Mezzo über ein großes Geröllfeld hinunter zum Rifugio Giussani (2580 m) und weiter zum Rifugio Dibona in 2,5 Std.
Die Seilbahn am Gipfel der Tofana di Mezzo ist seit 1997 stillgelegt und verkehrt während der Saison nur noch bis zur Zwischenstation Ra Valles (2470 m).

Höhenunterschied: Zustieg 300 m; Via ferrata Oliviero bis zur Punta Anna etwa 300 m; von dort zum Bus de Tofana 300 m; vom Bus zur Tofana gut 300 m, allerdings auf eine lange Strecke verteilt.

Schwierigkeit: Die Ferrata Oliviero der Punta Anna enthält zahlreiche heikle Passagen, in denen Grundfertigkeiten des Kletterns gefragt sind (keine Steighilfen). Einige kurze Überhänge, aber insgesamt angenehm und mit erträglichen Schwierigkeiten. Bei der Querung zum Bus de Tofana ist die Variante über die Ferrata Aglio wegen ihres luftigen und athletischen Charakters gefürchtet.

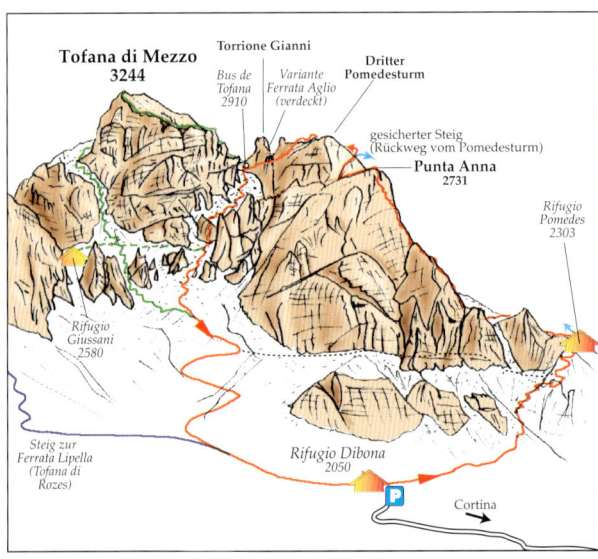

Es wurde bereits an anderer Stelle erwähnt: Die Felsenwelt der Tofanagruppe gehört zum Schönsten, was die Dolomiten zu bieten haben. Der nachfolgend beschriebene Abstecher auf die rund 20 m höhere Schwester der eindrucksvollen Tofana di Rozes (siehe Route Nr. 11) bietet die Gelegenheit, letztere ausgiebig in Augenschein zu nehmen. Den Gipfel der Tofana di Mezzo verunziert allerdings eine Seilbahn, die vom nahen Cortina heraufführt und den pompösen Namen »Freccia nel Cielo« (Himmelspfeil) trägt. So setzen nur wenige Klet-

tersteiggeher nach dem Felsenfenster, dem Bus de Tofana, den Weg fort und steigen lieber schon vorher wieder hinab. Angesichts des Alteisenwustes rund um den
Gipfel, der sich auch seit der Schließung der maroden
Seilbahn nicht zum Besseren entwickelt hat, ist das

durchaus verständlich. Nur die Anhänger der Skiabfahr-
ten in den steilen Karen trauern dem Lift nach …

Von diesem Makel abgesehen, ist die Ferrata Olivieri
ausnehmend schön und reizvoll. Sie führt zunächst über
den schmalen Grat eines Nebengipfels, der Punta Anna.

23 – Via ferrata Giuseppe Olivieri

Beginn des Abstiegs nach dem Felsenloch, dem Bus de Tofana.

Schon dieser Aufstieg ist eine luftige und lichte Angelegenheit, da nach Süden hin außer dem monumentalen Pelmo in der Ferne nichts den Horizont verstellt. In manchen Routenbeschreibungen wird dieser Teil als sehr schwierig eingestuft, eine subjektive Bewertung, denn ausschlaggebend sind die meteorologischen Bedingungen, die Tagesform, das Können und die Erfahrung des Klettersteiggehers und seiner Begleiter. Bei schlechteren

Kurz hinter dem Einstieg führen Bänder auf den Grat.

äußeren Bedingungen wie leichtem Schneefall, plötzlich auftretendem Nebel oder starkem Wind kann dieser Wegabschnitt – wie manch andere Ferrata auch – in der Tat als ausgesprochen strapaziös empfunden werden.

Vom Rifugio Dibona nordöstlich in Richtung einer großen Böschung, die offenkundig infolge eines Erdrutsches entstanden ist. Der Steig führt über diese Böschung zum Rifugio Pomedes (das man auch direkt von der Straße, die zum Rifugio Dibona führt, erreichen kann; man hätte dann – bei der hier beschriebenen Variante – allerdings mehr Umstände, nach dem Abstieg wieder zum Auto zu gelangen). Hier hat man Blick auf die Ostseite der Punta Anna, wo sich der Einstieg befindet, den man nach 30 Min. erreicht. Über ein Bändersystem auf der linken Seite zum Südgrat, dem man praktisch auf der Gratkante bis zum Gipfel folgt.

Genau genommen handelt es sich bei dem Gipfel um einen zerrissenen Felsrücken. Er führt bis zum Fuß des haubenförmigen Dritten Pomedesturms. Den Rücken gilt es so schnell als möglich zu erreichen (nicht den Bändern folgen, die die Westseite queren). Am Ende stößt man auf eine Abzweigung: Links weist die Inschrift *Cantore* (der Name eines ehemaligen Rifugios unterhalb vom Rifugio Giussani) auf einen Fluchtweg, rechts gelangt man dem Schild *Cima* folgend zu einer recht steilen Rampe, die um den Dritten Pomedesturm seitlich herumführt. Man erreicht ein Band, das wieder auf die Ostseite mit Blick auf Cortina führt.

Es folgt eine weitere Abzweigung. Rechts auf dem *Sentiero attrezzato* Oliviero absteigen (nicht zu verwechseln mit der gleichnamigen Ferrata, die man soeben absolviert hat). Dieser Fluchtweg führt auf aussichtsreichem Weg in weniger als 1 Std. zurück zum Rifugio Pomedes. Zu beachten ist, dass man sich in dem von Gämsen bevölkerten Talkessel Ra Valles rechts hält, auf eine Scharte zugehend.

Der weitere Verlauf der Route führt links über Stufen zum Grat. Auf einer schon von weitem sichtbaren Leiter überwindet man eine überhängende Wölbung. Nach einem Band und einer Scharte steht man vor einem Turm, dem Torrione Gianni. Dieser wird auf der klassischen Route links umrundet. Seit 1979 kann man ihn jedoch auch rechts (auf der Cortina zugewandten Seite) umrunden. Diese Variante über die Via ferrata Gianni Aglio ist berühmt wegen ihrer relativ athletischen Hangelpassage über einem eindrucksvollen Abgrund. Hinter dem Turm gelangt man zum *Bus* (Loch) der Tofana. Von dort kommt man links absteigend über ein Geröllfeld nach kurzer Zeit oberhalb vom Rifugio Dibona an.

Will man zum Gipfel der Tofana di Mezzo, muss man den Stufen am Südgrat inmitten der Lawinenschutzvorrichtungen folgen. Der Anstieg ist ein wenig eintönig und beinhaltet kaum technische Passagen. Der Abstieg vom Gipfel erfolgt über die andere Seite des Grates (Norden) und links über ein großes Geröllfeld.

Die berühmte Passage in der Ferrata Aglio.

Auf dem Grat der Punta Anna.

Popera-Umrundung ————————— 24

Via ferrata Roghel, Via attrezzata Cengia Gabriella und Strada degli Alpini (»Alpinisteig«)

Lage: Poperagruppe – Croda Rossa, östlich der Drei Zinnen in den Sextener Dolomiten. Von den in diesem Tourenführer beschriebenen Klettersteigen liegt diese Route am weitesten im Osten. Anfahrt über das Pustertal und Sexten, von Westen aus Richtung Bruneck, von Osten aus Richtung Lienz. Von Cortina aus erreicht man den Ausgangspunkt in 1 Std. über Toblach, Sexten und den Kreuzbergpass.

Ausgangspunkt: Rifugio Lunelli (1568 m) am Ende der Straße, die nach dem Kreuzbergpass kurz vor Padola rechts abzweigt, bzw. Rifugio Berti (1950 m), das man in 45 Min. Fußmarsch vom Rifugio Lunelli erreichen kann.

Zeit: Vom Rifugio Lunelli zum Rifugio Carducci 6 Std.; vom Rifugio Carducci zur Sentinellascharte 4 Std.; Abstieg und Rückkehr zum Parkplatz 2 Std.; insgesamt 12 Std. (Ein- bzw. Zweitagestour).

Höhenunterschied: Siehe Diagramm unten.

Schwierigkeit: Die Via ferrata Roghel umfasst mehrere luftige und athletische Passagen. Die weniger schwierige, aber lange Cengia Gabriella endet mit einem recht steilen Abstieg durch eine verschneite Rinne. Die Strada degli Alpini (»Alpinisteig«) verläuft, abgesehen vom letzten, nordseitigen Abschnitt, vor allem über Bänder.

Vorsicht: Praktisch das ganze Jahr über liegt auf diesem Streckenabschnitt reichlich Schnee und kann ernsthafte Probleme bereiten. Der Hüttenwirt des Rifugio Zsigmondy-Comici steigt in der Regel zu Beginn der Saison auf, um eine Spur zu legen, doch sollte man sich in jedem Fall eingehend über die Verhältnisse erkundigen. Die Mitnahme eines Pickels ist unbedingt anzuraten, evtl. Steigeisen. Bei großer Kälte bilden sich oberhalb des Bandes Eiskaskaden, die beim ersten Tauwetter auf den Weg niedergehen.

Anmerkungen: Für den sehr steilen Abstieg auf der Via ferrata de Roghel und der Via attrezzata Cengia Gabriella sind Lederhandschuhe ratsam.

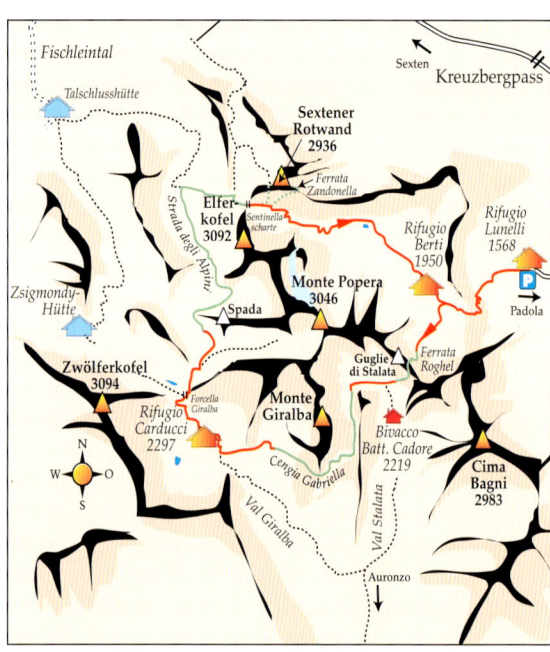

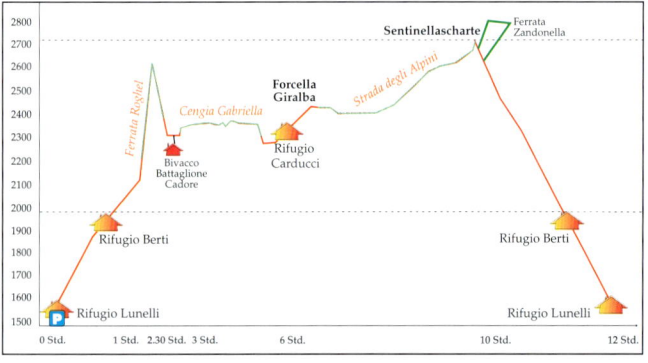

Lohnenswerter ist es, nur wenige Stunden mehr in Kauf zu nehmen, um die herrliche Popera-Runde komplett zu absolvieren. So genießt man die Vorzüge eines Rundwegs und entdeckt unentwegt neue Landschaften, von denen eine ergreifender ist als die andere. Im Gegensatz zur Sorapiss-Umrundung befindet sich hier genau an der richtigen Stelle das Rifugio Carducci, dank dem man den Rundgang in zwei gleich große, angenehme Etappen unterteilen kann. Wer trainiert ist, schafft die Route sicherlich auch an einem Tag, doch muss man mit 12 Std. Gehzeit rechnen, bis man wieder am Rifugio Lunelli eintrifft.

Auf die leichte Schulter nehmen darf man das Abenteuer der Popera-Umrundung indes nicht: Die Ferrata Roghel ist einer der heikelsten Klettersteige in den Dolomiten; sie führt durch einen düsteren, oft vereisten Kamin. Bei der Cengia Gabriella handelt es sich nicht einfach nur um ein Band; sie beinhaltet zahlreiche, ermüdende An- und Abstiege, die oft steil und ausgesetzt sind. Und was den Alpinisteig angeht, so beginnt er gewissermaßen erholsam, endet jedoch häufig in Schnee und Eis. Die Popera-Gruppe zählt zu den höchsten und schönsten Berggruppen der Dolomiten, und außerdem darf man nicht vergessen, dass sie am weitesten nordöstlich liegt und Kälte und Schlechtwetter nirgends so zu fürchten sind wie hier.

Es sei darauf hingewiesen, dass der Gipfel der Sextener Rotwand, der Croda Rossa di Sesto (2936 m), tagtäglich von vielen Bergsteigern auf dem unschwieri-

F ür einen Österreicher ist die Popera-Umrundung in den Sextener Dolomiten, wenige Kilometer von der österreichischen Grenze entfernt, vielleicht noch attraktiver als der von den Italienern bevorzugte Bocchette-Weg. Der Abschnitt, den der ehemalige Kriegsweg Strada degli Alpini (»Alpinisteig«) umfasst, kann auch vom stark tirolerisch geprägten Sexten und dem Fischleintal angesteuert werden und ist folglich stark frequentiert. Bei dieser Variante ist mit 7 bis 8 Stunden Gehzeit zu rechnen.

In der heiklen Ferrata Roghel.

gen, stellenweise drahtseilgesicherten Normalweg vom Fischleintal nordwärts erstürmt wird. Denselben Gipfel erreicht man auch von der auf unserer Route gelegenen Sentinellascharte, und zwar über die Ferrata Zandonella, die sich im steilen Südhang befindet, zwei Alternativen bietet und auf italienisch mit dem Zusatz »solo per esperti«[1] gekennzeichnet ist. Sie ist nicht nur von sportlichem Belang, sondern auch historisch interessant, da sie über ein Band verläuft, auf dem sich noch Kriegsruinen von 1915–18 finden. Die kriegerischen Auseinandersetzungen waren hier besonders heftig und grausam, wovon die vielen Gedenktafeln an der Sentinellascharte zeugen. Der geringe Höhenunterschied (150 m), den der Klettersteig im Verhältnis zu dem langen und mühsamen Zustieg aufweist, spricht indes dagegen, die Ferrata gesondert zu präsentieren. Was nicht heißt, dass man sie nicht im Vorbeigehen vor der Rückkehr zum Rifugio Berti erklimmen könnte.

Der Anstieg zum Rifugio Berti verläuft über einen guten Weg. Bis zum Rifugio selbst braucht man nicht zu gehen, da der Weg zur Ferrata Roghel (Nr. 109) vorher links abzweigt. Er quert einige Minuten südwärts, bevor eine Markierung darauf hinweist, dass man geradewegs durch das Kar aufsteigt. Das ist zwar steil, geht aber schnell, und man gelangt zu den spitzen Felstürmen, die bereits vom Parkplatz zu erkennen sind. Das erste Drahtseil ist an der rechten Seite eines Art Couloir angebracht und führt über steile Stufen. Nach einem kurzen, beinahe senkrechten Anstieg scharf rechts auf Bändern querend und weiter durch den großen, schwarzen Kamin, den man bereits von unten sieht.[2] Das Drahtseil führt an der rechten Seite die-

[1] »Nur für Experten«. Man kann beim Abstieg eine Wegvariante benutzen, die sich rechts vom Zustiegsweg befindet.

[2] Früher verlief die Ferrata Roghel deutlich weiter rechts über Leitern. Diese Leiternpassage ist nicht mehr begehbar. Die derzeitige Anlage geht auf das Jahr 1991 zurück.

Kurz unterhalb des Rifugio Berti.

ses Kamins über recht glatte, senkrechte Platten. Klammern sind nicht vorhanden, und bei einer Querpassage werden die Arme stark beansprucht. Der Ausstieg befindet sich an einer Scharte auf etwa 2600 m, womit das Ende jedoch noch nicht erreicht ist, da die Ferrata Roghel 250 m weit in das Val Stalata hinabführt, und zwar über ein

Drahtseil, das entlang zum Teil äußerst steiler Platten verläuft. Man erreicht ein Geröllfeld, durch das sich horizontal eine Spur zieht. 120 m weiter unten kann das kleine Bivacco Battaglione Cadore (2219 m) im Notfall als Unterschlupf dienen. Steuert man die Cengia Gabriella, deren ersten Abschnitt man von der auf 2600 m gelegenen

Scharte aus erkennen kann, hingegen auf direktem Weg an, so steigt man nicht hinab. Am Ende des Geröllfelds über einige drahtseilgesicherte Stufen auf das Band, das zunächst breit und mit Geröll bedeckt ist, jedoch rasch zerklüfteter wird. Mehrere An- und Abstiege über einem Abgrund, zum Teil über Stufen. Am heikelsten ist der ex-

Strada degli Alpini: Die sich gegenüberliegenden Bänder der Spada.

ponierte, südliche Abschnitt. Wenn das Band endlich in den Westhang des Monte Giralba übergeht, wird es geruhsamer. Allerdings folgt unvermittelt ein senkrechter Abstieg zum oberen Ende eines etwa 100 m langen Couloirs, das versteckt hinter einer riesigen Ausbuchtung liegt. Das wenig steile Couloir ist oft verschneit, aber mit Drahtseilen gesichert. Hat man es passiert, gelangt man auf etwa 2180 m Höhe in das Val Giralba.

150 m ansteigend, erreicht man unweit von dort das Rifugio Carducci.

Noch weiter oberhalb, auf 2431 m, liegt die Forcella Giralba. Von dort erkennt man auf der linken Seite das Rifugio Zsigmondy-Comici, das sich anbietet, wenn man vom Fischleintal aufbricht, und auf der rechten Seite sieht man die ersten beiden Drittel des Alpinisteigs, der den Elferkogel, die Cima Undici, umläuft. Seinen Beginn erreicht man nach wenigen Metern auf Steig Nr. 103. Diagonal absteigend in Richtung Mitriaturm, einem kleinen und eleganten, sehr charakteristischen Gipfel. Den Normalweg der Popera-Umrundung lässt man hinter sich und erreicht das große, horizontale Spadaband mit der berühmten, wegen ihres Schattenspiels oft fotografierten Stelle der beiden sich gegenüberliegenden Bänder. Über eine lange Strecke verläuft das Band weiterhin horizontal, während sich in der Ferne das spektakuläre Profil der Drei Zinnen abzeichnet.

Hinter der Busa di Fuori, dem Ende des Bandes, verliert die Sache dann etwas an Reiz, da man – mit Blick auf die Rotwand – geraume Zeit eine Spur im Geröll ansteigt, bis auf 2600 m in der Elferscharte. Dort zweigt links ein Weg ab, der hinunter ins Fischleintal führt. Dieser Weg kann auch eine Ausweichmöglichkeit für den Fall sein, dass das Band, welches rechts zur Sentinellascharte führt, zu stark verschneit ist. In der Regel ist dieser Abschnitt, dank der Spuren im Schnee und mit Hilfe des Drahtseils passierbar, doch nimmt er möglicherweise einige Zeit in Anspruch (1–2 Std.). Am Ende, nahe der Westwand der Rotwand, mit einem sehr steilen Couloir im Blickfeld, ist auf das Drahtseil zu achten, das rechts steil nach oben führt. Ein anderes Drahtseil führt hinunter zum Fuß des Couloirs, doch ist es für jene gedacht, die den Normalweg der Rotwand auf dem A-Prati-Band erreichen wollen, das man sehr viel weiter unten erkennen kann.[1] Rechts ansteigend gelangt man also zur Sentinellascharte (2717 m). Der Abstiegsweg auf der anderen Seite existiert seit einigen Jahren nicht mehr, und der Verlauf am Beginn eines ausgesprochen steilen und unwegsamen Kars kann sich als heikel erweisen. Unweit vom Pass erkennt man den Beginn der Ferrata Zandonella, die man gegebenenfalls mit in die Route einbauen kann. Ansonsten führt eine Moräne, gefolgt von einem besseren Weg, schnell zum Rifugio Berti.

---

[1] *Von dort kann man übrigens zur Rotwand aufsteigen und über einen der beiden Zandonella-Klettersteige wieder absteigen.*

Emotionen verbunden, und die beiden hier beschriebenen Klettersteige, die über die andere Bergseite verlaufen, vermitteln diese auch.

Obwohl nicht mit der Nordwestwand zu vergleichen, ist auch diese Seite imposant. Das Bergmassiv insgesamt ist bekannt für seine heftigen Wetterumschwünge. Berichte von Bergsteigern, die in der »Wand der Wände« festsaßen, weil diese sich innerhalb weniger Augenblicke in eine Eisfläche verwandelte, mahnen zur Vorsicht. Die Ferrata degli Alleghesi (benannt nach einer bedeutenden, ortsansässigen Familie) sollte man folglich nur beschreiten, wenn man sich seiner körperlichen Verfassung sicher ist und zügig vorankommt. Dieser Klettersteig ist lang und anstrengend. Es ist eine Hochtour in eindrucksvollem Ambiente. Der letzte Abschnitt verläuft über den oft verschneiten, überhängenden Gipfelgrat; darunter die dunkle und kalte »Wand der Wände«.

Die Ferrata Tissi ist sehr viel kürzer und stellt trotz ihres Rufes weniger Anforderungen, da sie nur wenige Meter vom Rifugio Torrani entfernt ist (das allerdings in dieser Höhe und Gegend manch einem alpinen Puristen deplatziert erscheint). Sie ist ein Musterbeispiel für einen logischen Klettersteigverlauf, der in einem ringsum von Felswänden umschlossenen Kessel zwei kleine Täler miteinander verbindet. Doch aufgepasst: Es sind keine Klammern vorhanden, weswegen der Klettersteig als sehr athletisch einzustufen ist.

Vom Rifugio Coldai zum Sentiero Tivan (Nr. 557) bis unterhalb vom Torre di Valgrande queren, den man an seiner glatten, gelben Ostwand leicht erkennen kann. Darunter ragt ein kleiner Felsvorsprung auf: der Schienal del Bech (2420 m). Der Weg führt über den Sattel, der letzteren von dem zum Torre di Valgrande gehörenden Kar trennt. Hier befindet man sich gegenüber eines rundlichen Sporns, der von der Punta Civetta (2920 m, nicht zu verwechseln mit dem Monte Civetta) hinunterreicht. Über ihn verläuft die Ferrata Alleghesi. An dem kleinen Sattel verlässt man

Die Südostseite der Civetta von der Casera della Grava aus gesehen.

den Sentiero Tivan und folgt einem markierten Pfad, der schräg durch das Kar zum Fuß des Felssporns führt. Über einige Stufen zum unteren Ende einer senkrechten Leiter. Im Anschluss daran findet man eine Reihe zum Teil drahtseilgesicherter Stufen sowie Kamine vor. Hier sind Grundfertigkeiten im Klettern gefragt (der steilste Kamin ist allerdings zur Gänze mit Klammern gesichert). Mal verläuft die

Route südlich, mal nördlich des Vorsprungs, so dass man verschiedene Ansichten von dem sich langsam abzeichnenden Panorama gewinnt (der Blick öffnet sich auf die gesamten Ostalpen). Über ein großes, mit Gesteinsschutt bedecktes Band, das links quert, kommt man unweit der Punta Civetta an. Es folgt eine nicht enden wollende Reihe von stets nach links verlaufenden Stufen und Bändern. Bisweilen

gerät man auf den Gipfelgrat, der einen beeindruckenden Ausblick auf die gefürchtete Nordwestwand bietet. Bis zum August kann man namentlich auf der Höhe der Punta Tissi (2992 m) mehrere Firnfelder vorfinden: nach einer Schlechtwetterperiode Pickel und sogar Steigeisen mitnehmen. Auf etwa 3000 m Höhe lädt ein Schild dazu ein, bei schlechtem Wetter links auf Bändern innerhalb von

25 – Vie ferrate degli Alleghesi und Attilio Tissi

Mitten auf der Ferrata degli Alleghesi, Blick auf die Tofanagruppe (in der Mitte) und den Cristallo (rechts).

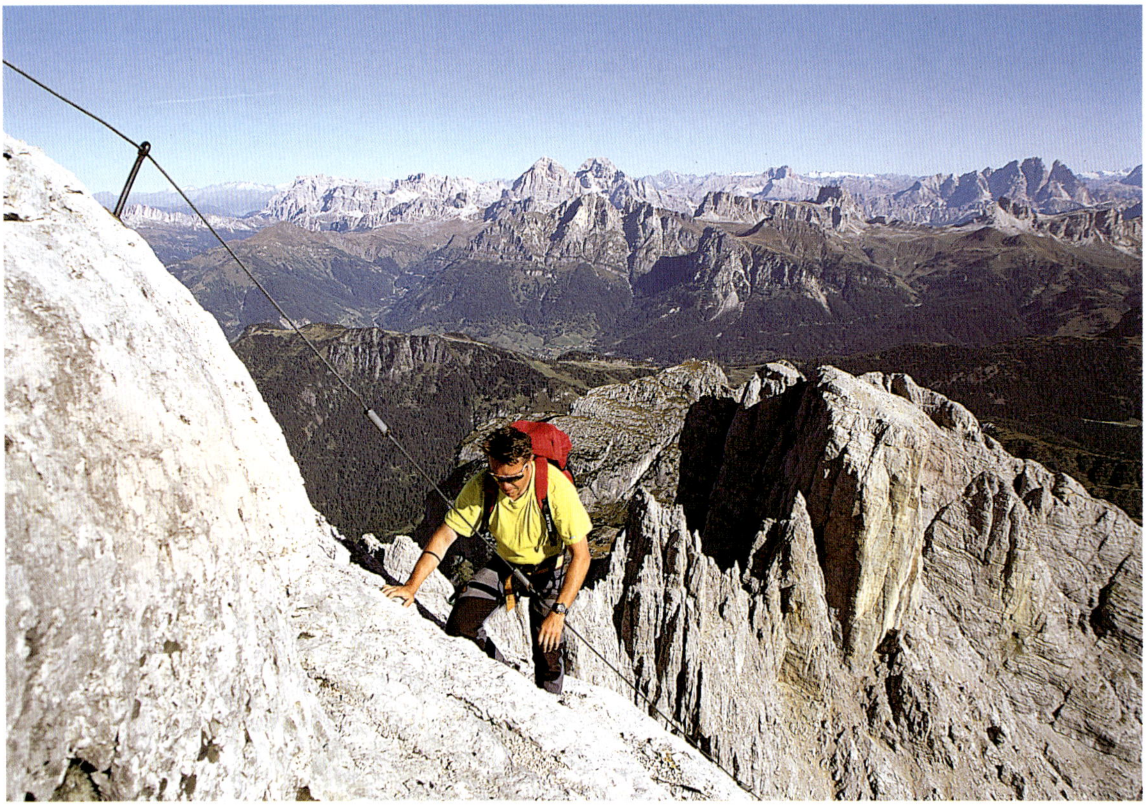

30 Min. zum Rifugio Torrani zu queren. Für den Weg zur Civetta werden 1,5 Std. angegeben, in Wirklichkeit ist diese aber über neue Stufen und den schotterigen (beziehungsweise mit Altschnee bedeckten) Gipfelgrat in einer halben Stunde bequem zu erreichen.

Abstieg: Abfahrend durch das Geröllkar des Normalwegs in der Ostwand bis zum Rifugio Torrani, das oft voll

Rampe im unteren Abschnitt der Ferrata Tissi.

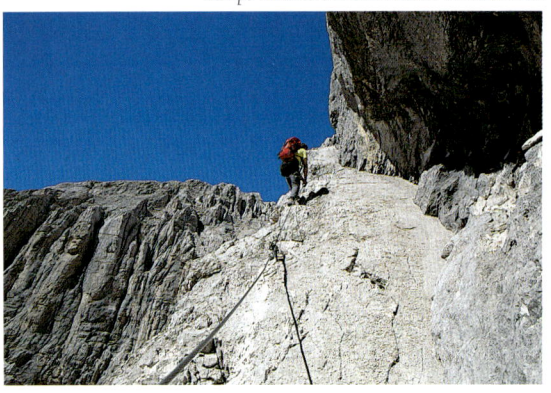

besetzt ist. Weiter absteigend, bis rechts die Ferrata Tissi abzweigt, und über eine kleine, firnbedeckte und häufig vereiste Schlucht hinabqueren (Pickel nützlich). Das drahtseilgesicherte Band links steht am Beginn des nun kommenden schwierigen Teilstücks. Auf über 100 m quert man links auf Bändern, unterbrochen von den ersten athletischen Passagen. In der Folge abwechselnd über anstrengende Stufen, Bänder und kleine Überhänge. Nach unten hin folgt man einer schönen, glatten Rampe, die noch einmal auf die (von unten gesehen) rechte Seite der Wand führt, ganz in der Nähe des Kars Van delle Sasse auf 2600 m. Weiter abfahren, wobei man sich stets nahe der Südwestwand der Civetta Bassa halten muss. Unterhalb von deren Südpfeiler abdrehen, aber nicht allzu weit absteigen (über die Wege, die südlich abwärts führen, gelangt man zum Rifugio Vazzoler). Etwa 50 Meter im Gegenanstieg zur Forcella delle Sasse (Moiazzettascharte). Von dort überwindet man in einer rasanten Karabfahrt 200 Höhenmeter in 5 Min. Auf die linke Querung achten, die zum Sentiero Tivan führt. Zu diesem Zwecke orientiert man sich am Ostpfeiler der Civetta Bassa (geradewegs absteigend erreicht man die Casera di Grava, wo man nur außerhalb der Saison parken kann). Über eine lange Querpassage schließlich zurück zum Rifugio Coldai.

Via ferrata Stella Alpina —————— 26

Monte Agnèr (2872 m)

Lage: Südlicher Teil der Palagruppe.

Ausgangspunkt: Das Dorf Frassenè, an der schlechten Straße gelegen, die Fiera di Primiero mit Agordo verbindet. Von Frassenè (1084 m) entweder mit einem alten, nur sporadisch verkehrenden Sessellift zur Bergstation auf 1704 m oder auf einem kleinen Waldweg (Hinweisschilder in der Ortsmitte) in 1 Std. zum Rifugio Scarpa-Gurekion (1742 m).

Zeit: 30 Min. Anstieg; 1,5 Std. im steilen Abschnitt des Klettersteigs; 1,5 Std. für die ansteigende Passage über Stufen, die zum Bivacco Biasin führt. Von dort in 40 Min. zum Gipfel.
Abstieg 2–3 Std. Hin und zurück vom Rifugio Scarpa insgesamt 6–7 Std.

Höhenunterschied: 300 m Anstieg; 240 m schwieriger Klettersteig; der Querung zum Bivacco Biasin sieht man die über 400 m Höhenunterschied, die sie überwindet, von unten nicht an; vom Bivacco Biasin zum Gipfel 222 m; Klettersteig insgesamt 820 m.

Schwierigkeit: Der erste Teil verläuft über eine 240 m hohe, senkrechte Wand und erfordert Kletterfertigkeiten, da keine Steighilfen vorhanden sind. Einige athletische Abschnitte, darunter ein recht anspruchsvoller. Die sich daran anschließende Querung über gestufte Platten ist länger und steiler als man meinen könnte. Verfirnter Schnee kann problematisch sein. Der Gipfelanstieg ist teilweise versichert und nur mäßig schwierig. Vorsicht beim langen und steilen Abstieg, der bei Ermüdung und für nicht trittsichere Geher leicht zum Martyrium werden kann. Im Rifugio sollte man sich danach erkundigen, ob der Firn am unteren Ende des sehr tief eingeschnittenen Couloirs beim Abstieg nicht gefroren ist; in dem Fall mindestens einen Pickel mitnehmen.

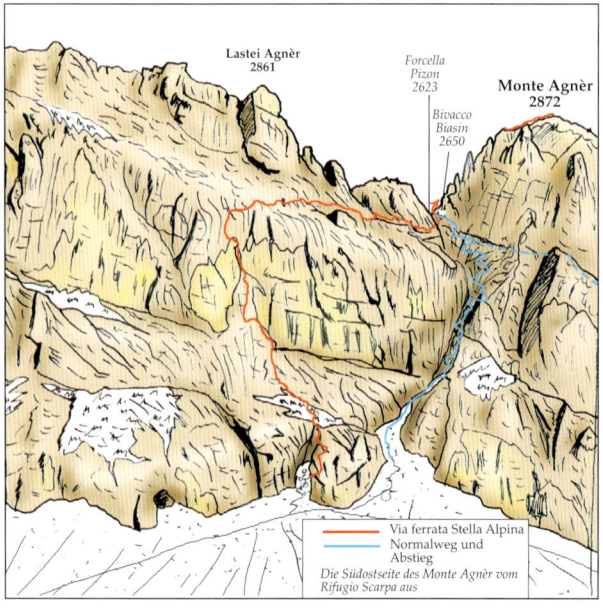

Via ferrata Stella Alpina
Normalweg und Abstieg
Die Südostseite des Monte Agnèr vom Rifugio Scarpa aus

Lastei Agnèr 2861 — Forcella Pizon 2623 — Monte Agnèr 2872 — Bivacco Biasin 2650

Der Monte Agnèr weist eine nicht zu unterschätzende Besonderheit auf: Seine Nordwand ist nach der Eigernordwand mit 1600 m Höhenunterschied die höchste in den Alpen. Zum Glück führt die Via ferrata Stella Alpina nicht über diese Flanke, wohl aber vorbei an den Ausstiegen der wichtigsten Routen entlang der Nordwand, die die längsten der Dolomiten sind. Der beachtliche Nimbus dieses Gipfels überträgt sich folglich auch auf die Ferrata, umso mehr, als diese als sehr schwierig eingestuft wird.

Der steile Abschnitt ist zwar athletisch, doch kurz. Nach Aussage des sympathischen Hüttenwirts im Rifugio Scarpa-Gurekion stellt hingegen die Querung oberhalb und der Abstieg in der Regel vor allem jene vor Probleme, die sich nicht bewusst sind, dass sie sich in hochalpinem Gelände befinden und nicht auf einem gemütlichen »Halbtages-Klettersteig«. Viel wichtiger als reine Muskelkraft sind bei dieser Tour Trittsicherheit und die Vertrautheit mit jedweder Art von Gelände.

Südliche Fanesspitze (2980 m)

Lage: Fanesgruppe, 15 km westlich von Cortina d'Ampezzo.

Ausgangspunkt: Falzaregopass (2105 m), bei Benützung der Lagazuoi-Seilbahn für den Anstieg ist zu berücksichtigen, dass man 300 m oberhalb vom Ausgangspunkt ankommt und eigentlich kaum Zeit gewinnt.[1]

Zeit: 2 Std. Anstieg; 2 Std. Klettersteig (sportliche Zeit 1 Std.); 30 Min. drahtseilgesicherter Abstieg über die Nordostflanke plus 1 Std. 20 Min. zurück zum Falzaregopass.

Höhenunterschied: 600 m Anstieg; 280 m auf dem Klettersteig.

Schwierigkeit: Sehr heikler Klettersteig wegen der gänzlich fehlenden Steighilfen. Zu Beginn verlangt eine trittarme Querung eine ausgefeilte Fußtechnik. Weiter oben gibt es darüber hinaus athletische und teils sehr luftige Passagen.

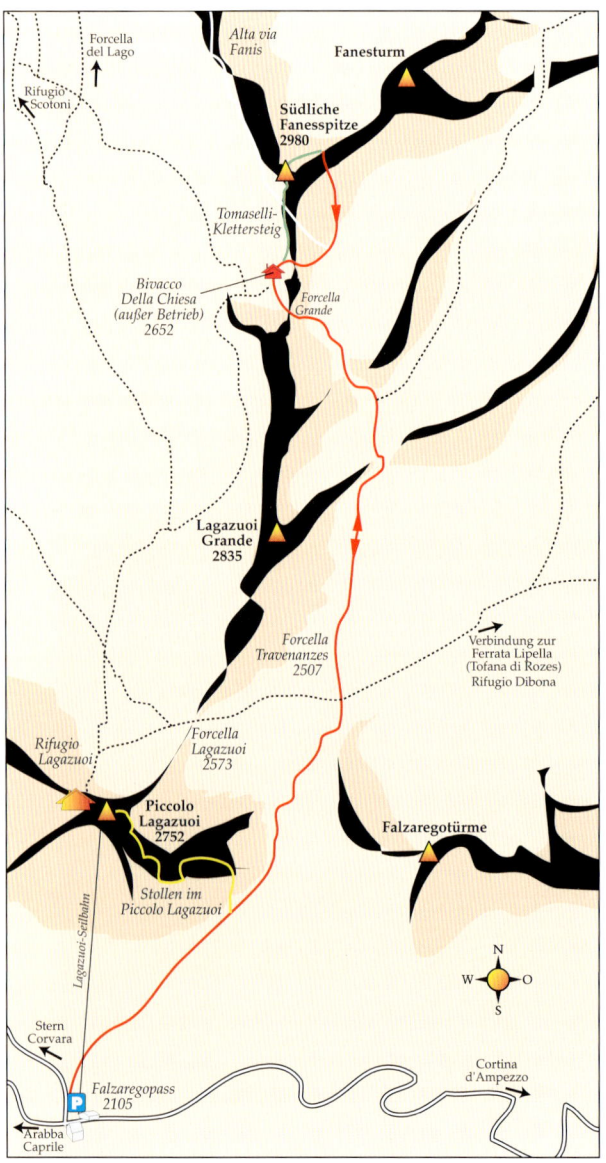

Unter den »militärischen« Klettersteigen nimmt der hier beschriebene einen besonderen Platz ein. Man findet kaum Worte angesichts des Wagemuts der Soldaten, die im Ersten Weltkrieg Holzleitern an den senkrechten Wänden befestigten. Davon wird sich ein

jeder überzeugen, der die Überreste dieser Leitern in Augenschein nimmt. Links davon verläuft die Via ferrata Cesco Tomaselli. Wenn man weiß, dass es sich hier zudem um einen der steilsten und schwierigsten Klettersteige der Dolomiten handelt, erscheinen einem die Kriegsereignisse an diesem Schauplatz immer rätselhafter. Die gesamte diesseitige Flanke des Faneskammes ist mit einem Band überzogen, auf dem man, den Spuren der Soldaten folgend, ab der Hälfte der Strecke bequem voranschreitet. Durch einen kleinen Stollen gelangt man sogar auf die gegenüberliegende Hangseite.

Am erstaunlichsten aber ist der Lagazuoi-Stollen, der rund 400 Höhenmeter aufweist und oberhalb vom Falzaregopass zugänglich ist (siehe Fußnote[1]). Unweigerlich stellt sich der Gedanke ein, dass der Menschheit viel geholfen wäre, wenn sie für ihre eigene Erhaltung ebenso viel Kraft aufwenden würde wie für ihre eigene Zerstörung ...

Gegenüber den drei Tofana-Spitzen, insbesondere der ausgesprochen schönen Tofana di Rozes, wartet die Fanesgruppe mit herrlichen, in ihrer Form für die Dolomiten typischen Bergspitzen auf. Bei der hier beschriebenen Tour hat man übrigens die Westseite der Tofana di Rozes im Blickfeld und kann mit dem Fernglas die zahlreichen Klettersteiggeher in der Via ferrata Lipella beobachten.

Der Tomaselli-Klettersteig erfreut sich in eingeweihten Kreisen eines ausgezeichneten Rufes. In der Tat handelt es sich um eine anspruchsvolle, sehr ausgesetzte Route. Insbesondere der Beginn ist schwierig und erfordert eine gute Fußtechnik, so dass manch einer hier auch mit Kletterschuhen unterwegs ist ...

V om Falzaregopass ansteigend auf Steig Nr. 402 zur Forcella Travenanzes (2507 m). Von dort nordwärts auf einem zunächst leicht abschüssigen Steig, der dann einen kleinen, gut sichtbaren Sattel auf der linken Seite überquert und in den Kessel unterhalb der Südostflanke des Faneskamms mündet. Aus dem Kessel über einen Geröllweg zur Forcella Grande, die man entweder mit Hilfe eines kurzen Militärstollens oder weiter rechts über ein Kar passiert, das sofort wieder zurück zum Bivacco Della Chiesa führt (2652 m – seit 1997 außer Betrieb). Der Einstieg liegt 50 m oberhalb (zu Beginn der Saison stark verfirnt), am Fuß der Südwestwand der Südlichen Fanesspitze. Auf der rechten Seite des Klettersteigs sieht man die alten, aus dem Ersten Weltkrieg stammenden Holzleitern.

Variante an der Forcella Grande: ein Militärstollen

Der Beginn ist insofern gewollt anstrengend und technisch, als man mit den Zehenspitzen auf winzigen Felsvorsprüngen Halt suchen und sich gleichzeitig mit den Armen hochziehen muss. Im weiteren Verlauf gestaltet sich der Steig ein wenig ruhiger bis zu einem Band, das die gesamte Flanke umspannt. Diese Route, die Alta via Fanis, kann man (außer zu Saisonbeginn, wenn sie schneebedeckt ist) links bis zur Cima Scottoni und der Forcella del Lago benutzen (Zwischensicherungen mit Drahtseil – nach etwa 300 m kann man über einen Stollen ausweichen, der durch den Hang verlaufend auf den Abstiegsweg führt). Den Tomaselli-Klettersteig hingegen erreicht man, wenn man weiter geradewegs die aufragende Wand erklimmt. In manchen überhängenden Kaminpassagen sind einige große Spreizschritte vonnöten. Dann gelangt man auf den Gipfelgrat und auf eine sehr luftige, glatt erscheinende Platte. Über einige unschwierige Stufen zum Gipfel, von dem aus auf der gegenüberliegenden Seite ein Drahtseil nach unten führt.

Abstieg: Entlang dem Drahtseil (unschwierig) bis zu einer Scharte, die eine Geröllrinne überragt. Diese abrutschend bis zu dem südöstlich gelegenen Kessel, durch den man angestiegen ist. Über denselben Weg zurück.

[1] *Zur Bergstation der Seilbahn kommt man allerdings auch, wenn man den Lagazuoi-Stollen durchqueren möchte, eine der erstaunlichsten Militäranlagen des Ersten Weltkrieges. Auf 400 Höhenmetern windet er sich schneckenförmig durch den Berg. Dieser Stollen zählt in italienischen Karten zu den Klettersteigen, da er sehr steil ist und mit einem Drahtseil gesichert ist. Den Einstieg erreicht man oberhalb vom Steig Nr. 402, nach etwa 30-minütigem Fußmarsch ab dem Falzaregopass. Der Stollen endet unweit der Bergstation der Seilbahn, wo sich das Rifugio Lagazuoi (2752 m) befindet; Gehzeit 1–1,5 Std., Lampe unverzichtbar. Von der Bergstation gelangt man schnell zur Forcella Travenanzes oder erreicht, bei allerdings längerem Abstieg und Gegenanstieg, über Steig Nr. 20 und 20b von Westen her ebenfalls das Bivacco Della Chiesa.*

Es ist sinnvoll, sich einen Vormittag für den Stollen Zeit zu nehmen und den Tomaselli-Klettersteig in aller Ruhe am Nachmittag zu beginnen, da dieser vormittags ohnehin im Schatten liegt und relativ stark begangen ist.

Blick von der Forcella Grande auf das Bivacco Della Chiesa. Der Einstieg zum Klettersteig befindet sich gleich rechts davon.

Der Piccolo Lagazuoi. Bei den Öffnungen im Fels handelt es sich um die Fenster für den Stollen, der das gesamte Bergmassiv senkrecht durchzieht.

Via ferrata Cesare Piazzetta _____ 28

Piz Boè (3152 m)

Lage: Südseite der Sellagruppe.

Ausgangspunkt: Pordoijoch (2239 m) zwischen Canazei und Arabba. Von der Passhöhe weiter auf der kleinen Straße (1,5 km), die zu dem stark besuchten Gefallenen-Denkmal *Ossario tedesco* führt. In der Nähe parken.

Anmerkung: Man kann auch mit der Seilbahn zum Sass Pordoi hinauffahren und über das Kar an der Forcella Pordoi (Pordoischarte) zu dem großen Band wieder abfahren, das man nur noch ostwärts queren muss.

Zeit: 1 Std. 20 Min. Zustieg; 1,5 Std. auf dem Klettersteig; von den letzten Drahtseilen auf den Gipfel des Piz Boè 40 Min. (allerdings kann man etwas oberhalb der letzten Drahtseile links über einen Pfad abkürzen und gelangt in 30 Min. direkt zur Pordoischarte).
Abstieg: 50 Min. vom Piz Boè zur Pordoischarte; von dort zum Gefallenen-Denkmal 1,5 Std.
Anmerkung: Von der Scharte gelangt man in 10 Min. auch auf den Gipfel des Sass Pordoi (2950 m) und kann mit der Seilbahn zum Pordoijoch hinunterfahren, muss jedoch im Anschluss zurück zum Parkplatz queren.

Höhenunterschied: 440 Zustieg, etwa 200 m auf dem Klettersteig sowie weitere 100 bzw. 300 m gestuftes Gelände, je nachdem, ob man zum Gipfel des Piz Boè steigt oder zuvor zur Pordoischarte (2829 m) abzweigt.

Schwierigkeit: Der Einstieg wartet mit einigen sehr heiklen Passagen an einer senkrechten, lediglich mit einem gespannten Drahtseil gesicherten Wand auf. Armkraft ist gefragt, und eine gute Fußtechnik. Nach etwa zehn Metern lassen die Schwierigkeiten jedoch nach und nehmen zum Ende hin kontinuierlich ab.

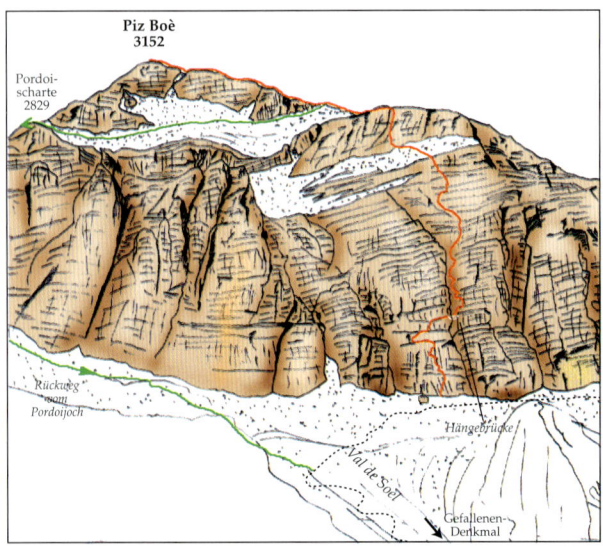

Die Via ferrata Piazzetta enthält eine der schwierigsten Kletterstellen, die man auf Dolomitenklettersteigen überhaupt vorfindet. Der Erbauer hatte ein feines Gespür für Inszenierungen, denn besagte Passage befindet sich wenige Meter vom Einstieg entfernt. Vom Sitzplatz auf den Felsen hat man ausreichend Gelegenheit, sich an den eigenartigen Verrenkungen der

Vorgänger zu erfreuen. Mit einem Minimum an Klettertraining bewältigt man die Stelle problemlos, da man dann die Füße richtig zu setzen versteht. Häufig begehen Klettersteiggeher den Fehler, sich krampfhaft am Drahtseil festzuklammern und mit aller Gewalt hochziehen zu wollen, statt nach einer sicheren Trittmöglichkeit zu suchen und sich mittels Beinkraft und durch Gewichtsverlagerung nach oben zu stemmen.

Der Verlauf der Route ist ausgesprochen progressiv, endet sie doch in harmlosem Stufengelände. Wenn man will, kann man mit Hilfe einer Querpassage den langen Gipfelaufstieg abkürzen, der auf den meist begangenen Dreitausender der Dolomiten führt: den Piz Boè (3152 m). Die Prozession der Schaulustigen, die von der Bergstation der Seilbahn am Sass Pordoi herüberkommt, ist beachtlich und begleitet einen ein gutes Stück auf dem Abstiegsweg.

Vom Gefallenen-Denkmal ansteigend durch das stellenweise recht steile Val de Soèl. Der Klettersteig befindet sich am oberen Ende des Tals auf der rechten Seite und ist schwer zu erkennen. Hat man den Weg gekreuzt, der auf dem großen Sellaband zwischen den beiden Felsetagen quert und über den man von links kommend wieder absteigt, gelangt man rechtshaltend schnell zum Einstieg (auf etwa 2660 m). Zuvor sieht man die später zu überschreitende Hängebrücke.

Der Auftakt in einer schwarz-roten, senkrechten Wand hat einen »selektiven« Charakter. Nur wenige Meter vom Einstieg entfernt mühen sich viele eine Zeit lang ab, bevor sie unter den zahlreichen spöttischen Blicken aufgeben. Auch in der Folge bleibt die Route bis zur Hängebrücke recht steil und athletisch.

Danach verläuft sie etwas gemächlicher und klassischer über Couloirs und Bänder. Ein letzter, senkrechter Vorsprung kann links in unschwieriger Kletterei umgangen werden (II, markiert; es handelt sich um eine der Kletterstellen, auf die zu Beginn des Steigs auf einem kleinen Schild hingewiesen wird und für die ein Seil ratsam ist; weitere Passagen dieser Art, die aber kürzer sind, finden sich auch immer wieder in dem oberhalb gelegenen Stufengelände). Nach etwa 100 m über Stufen taucht ein Hinweis auf den Pfad auf, der waagerecht zur Pordoischarte führt. Ansonsten kann man über unschwierige Stufen und Steig Nr. 638 bis zum Gipfel des Piz Boè weitergehen.

Abstieg: Vom Piz Boè oder dem Ende der Schwierigkeiten zur Pordoischarte. Von dort abfahrend durch ein großes Kar, das Liebhaber schneller Abstiege begeistern wird und – sofern man sich rechtzeitig links hält – in 5 Min. auf den Steig führt, der ostwärts zwischen den beiden Felsetagen ins Val de Soèl führt (ein weiteres, »schnelles« Kar). Dort trifft der Absteigende oberhalb vom Kriegerdenkmal wieder auf den Anstiegsweg.

Einige Meter oberhalb vom Einstieg, eine im wahrsten Sinne exponierte und selektive Kletterstelle.

Via ferrata delle Fiamme Gialle _____ 29

Palazza Alta (2255 m)

Lage: Civettagruppe, oberhalb von Cencenighe-Agordino (774 m) im Agordinatal. Die Felswand erkennt man an ihren weißen Längsstreifen, die sich von unten nach oben ziehen. Rechts davon verläuft der Klettersteig.

Ausgangspunkt: Kleines Bergdörfchen Bastiani (971 m), ca. 3 km oberhalb und östlich von Cencenighe.

Zeit: 1,5 Std. Anstieg; 3 Std. für die Ferrata; 2 Std. für den Abstieg (eine relativ sportliche Zeit, wobei untrainierten Gehern dringend von der Route abzuraten ist).

Höhenunterschied: 430 m Anstieg, 885 m auf dem Klettersteig (in Wirklichkeit 500 m, wenn man die Abschnitte durch die Latschenfelder nicht berücksichtigt).

Schwierigkeit: Dies ist der erste Klettersteig der berühmten achtziger Generation, zu der auch die Via attrezzata Pisetta gehört (siehe S. 136). Obwohl keine Passage an die athletischen Schwierigkeiten der Ferrata Costantini oder der Pisetta heranreicht, stellt dieser Klettersteig auf Grund der Länge, der Steilheit und der nicht vorhandenen Steighilfen hohe Anforderungen und erfordert eine gute körperliche Verfassung. Insgesamt lässt er sich, abgesehen von der geringeren Höhe, mit dem ersten Abschnitt der Ferrata Costantini vergleichen.

Auch der direkte Abstieg über den sehr steilen und gefährlichen Steig Nr. 565 ist ein großes Abenteuer. Schuttrinnen, Bänder, Wildbachbetten und Schrofenstufen setzen Maßstäbe auch für die abgehärtetsten Geher. Bei den Italienern steht diese Ferrata im Ruf, erbarmungslos zu sein (siehe weitere Abstiegsmöglichkeiten auf S. 134).

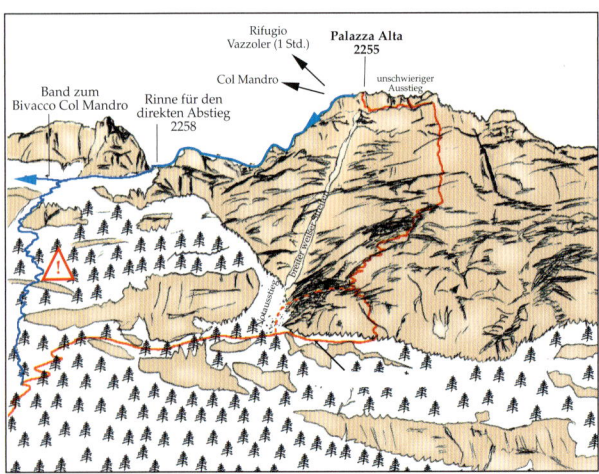

Man könnte den hier beschriebenen Klettersteig auch als »Talschlussroute« bezeichnen. In der Tat endet er auf dem Plateau, auf dem die Civettagruppe ruht. Diese Tatsache führt einem die Größe der Dolomiten noch einmal vor Augen: Schon bei den Ausläufern hat man es mit einer Höhe von 1000 m zu tun, auf die in der Civettagruppe noch einmal eine Reihe von 600 bis 800 m hohen, senkrechten Türmen folgt, ganz zu schweigen von der »Wand der Wände«, der gewaltigen, über 1000 m hohen Nordwestflanke der Civetta, einer der imposantesten Felswände der Alpen ...

Nicht zu verwechseln sind diese »Gelben Flammen« mit der – in Luftlinie gemessen – gar nicht weit entfernten Ferrata Fiamme Gialle der Palagruppe, die alpiner,

Am Ausstieg des Klettersteigs in den Latschenfeldern entdeckt man die Civettagruppe, darunter die Civetta selbst, die höchste Erhebung des Massivs. In der Mitte der Torre Venezia und rechts der 600 m emporragende Torre Trieste. Noch weiter rechts das kleine Tal Van delle Sasse, das Civetta- und Moiazzagruppe voneinander trennt und durch das die Ferrata Tissi verläuft.

aber bei weitem weniger schwierig ist (siehe Route Nr. 8). Angesichts anhaltender Schwierigkeiten, einem ernsten Ambiente und sehr ausgesetzten Passagen bleibt das Tal, trotz der geringen Höhe, in der die hier beschriebene Route verläuft, weitgehend unbeachtet. Außerdem gewinnt man schnell an Höhe, da schon der Anstiegsweg recht mühsam ist. Lediglich ein Drahtseil ist über die schönen Platten aus dem für die Gegend typischen, hellgrauen Kalkgestein gespannt. Mit den Ferrate Costantini, Tissi, Stella Alpina sowie der nachfolgend beschriebenen

29 – Via ferrata delle Fiamme Gialle

Oben und rechte Seite: In den glatten, steilen Platten des Mittelteils muss man absolut schwindelfrei sein.

hat sich das Agordinatal in der Kategorie der »Schwergewichte« unter den Klettersteigen den Löwenanteil gesichert.

In der Ortsmitte von Cencenighe nimmt man die kleine Straße Richtung Foch und Chenet. Dort führt die Straße weiter nach Bastiani, wo sie steil ansteigt und für den Verkehr gesperrt ist. Weiter zu Fuß auf der Straße, die in eine Piste übergeht, von der man nach 15 Min. auf einen noch steileren Weg abzweigt. Auf diesem quert man nach etwa 50 Min. nach rechts über ein zum Teil sehr gefährliches Band. Zum Glück sind die riskantesten Stellen mit Drahtseilen gesichert. Man überwindet eine Felsschlucht, die vor der Einrichtung des Klettersteigs noch ohne Steighilfen zu erklettern war. Die Ferrata beginnt etwas weiter auf dem Band in den senkrechten Platten des unteren Felsvorsprungs. Man folgt also weiter dem Band, bis man auf etwa 1430 m auf die

Drahtseile stößt. Der erste Vorsprung ist nur etwa 50 m hoch, doch macht er einem dankenswerterweise klar, was man weiter oben zu erwarten hat. Wer hier erschöpft ist oder sich nicht wohl fühlt, hat so die Möglichkeit, oberhalb des Felsaufschwungs links über die erwähnte Felsschlucht wieder hinabzusteigen.

Ansonsten klettert man bis auf etwa 1780 m über latschenbestandene Stufen. Drahtseile sichern die steilsten Felsriegel. Jetzt erst beginnen die wirklichen Schwierigkeiten am Fuß riesiger, glatter Platten. Das lediglich gespannte und senkrecht nach oben führende Drahtseil vermittelt Kletterambiente, umso mehr als die Tiefe sich allmählich bemerkbar macht. Nach einem latschenbestandenen Band führt eine weitere große Platte bis auf 100 m unterhalb des Gipfels. Man quert links auf einem Band, dann ansteigend durch eine Rinne. Kurz dahinter weist ein Schild auf eine unschwierige Variante hin. Hier können erschöpfte Klettersteiggeher die Route zu Ende bringen. Wenn ein solcher Hinweis auftaucht, kann man getrost davon ausgehen, dass es der Normalanstieg in sich hat. Und tatsächlich: Quert man weiter links auf dem Band, kommt man zu Drahtseilen, die über einen überhängenden Felsvorsprung gespannt sind und in ausgesprochen luftigem Ambiente direkt zum Gipfel führen: das Sahnehäubchen gewissermaßen …

Abstieg: In 5 Min. über einen Pfad durch Latschenfelder zur nordöstlich auf 2200 m liegenden Scharte. Noch einmal 10 Min. ansteigend bis auf 2258 m. Dort befindet man sich am oberen Ende einer sehr steilen Schuttrinne. Zweifel überkommen einen, die aber von einem roten Pfeil mit dem Hinweis »Cencenighe« zerstreut werden: Hier geht es in der Tat bergab. In der Rinne auf Steinschlag achten; nach 200 m tut sich rechts auf einem Band ein Fluchtweg auf. Die Rinne führt in das ausgetrocknete Bett eines Wildbachs, der leider mehr an einen Wasserfall erinnert. Der Abstieg hier ist heikel.[1] Dann quert die Spur einen weiteren Wildbach, bevor man mehrere Kare und sehr steiles Schrofengelände erreicht, dessen Latschen erfreulicherweise Halt bieten. Auf 1400 m schließlich trifft man wieder auf den Aufstiegsweg.

---

[1] *Es sei darauf hingewiesen, dass man auf dieser Höhe über den Steig Nr. 571 weiter auf dem Band bis zum Bivacco Col Mandro queren kann; allerdings ist diese Variante, die einen schönen Ausblick bietet und angenehmer ist, auch länger. Die 3 km nördlich der Palazza Alta liegende Forcella di Col Mandro kann man auch auf sehr klassischem Weg über das Colon-Plateau erreichen, das von Steig Nr. 562 gequert wird. Bei dieser Variante, die am geruhsamsten und ungefährlichsten, aber auch am längsten ist, gelangt man ganz in die Nähe des bei Kletterern wohl bekannten Rifugio Vazzoler. Man kann also, sofern man reserviert hat, ins Auge fassen, sich für die wohlverdiente Nachtruhe hier einzuquartieren und befindet sich damit am Fuß der fabelhaften Berge Torre Trieste und Torre Venezia, die die Civetta einrahmen. Diese lässt sich in dem Fall am darauf folgenden Tag auch noch über die Ferrata Tissi erklimmen.*
Vom Col Mandro führt ein guter Weg (Nr. 567) hinunter nach Collaz, 1 km von der Straße nach Bastiani entfernt.

Klettersteige am Gardasee ——————— 30

Via ferrata del Monte Albano und Via attrezzata Rino Pisetta

Lage: Nordöstlich des Gardasees.

1 – Via ferrata del Monte Albano (eine Skizze erübrigt sich, da sie leicht zu finden ist):

Ausgangspunkt: Mori, an der Straße Rovereto – Riva del Garda.

Zeit: 20 Min. Zustieg; 2,5 Std. für die Ferrata (sportliche Zeit: 1 Std.); 40 Min. Abstieg.

Höhenunterschied: Unwesentlich, da hauptsächlich gequert wird, allerdings an einer etwa 200 m hohen Felswand.

Schwierigkeit: Zahlreiche athletische Passagen, vor allem zu Beginn und in der abschließenden Verschneidung. Die Route wird oft mit der ganz in der Nähe liegenden Ferrata Pisetta verglichen, doch enthält sie zahlreiche Steighilfen, weswegen man sie in der Hierarchie, trotz ihrer stark ausgesetzten Passagen, etwas niedriger einstufen muss.

2 – Via attrezzata Rino Pisetta (siehe Skizze unten):

Ausgangspunkt: Sarche, nördlich von Riva del Garda (Gardasee), an der Straßengabelung Trento – Madonna di Campiglio.

Zeit: 1 Std. Zustieg; 3 Std. für die Ferrata; 1,5 Std. Abstieg.

Höhenunterschied: 330 m beim Zustieg; 381 m auf dem Klettersteig, wobei die Verbindungswege zwischen den Felsvorsprüngen berücksichtigt sind.

Schwierigkeit: Vorsicht: Im Grunde wird hier geklettert. Sogar mit Drahtseil entspricht die Route einer athletischen Kletterroute des vierten Grades; das Ambiente ist durchaus vergleichbar mit Wänden in klassischen Klettergebieten. Man sollte Kondition haben und an ausgesetztes Klettern gewöhnt sein.

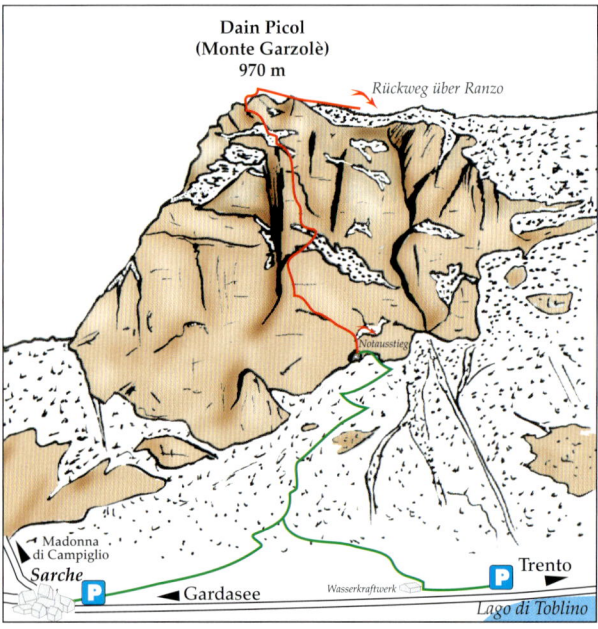

Dain Picol
(Monte Garzolè)
970 m
Rückweg über Ranzo
Notausstieg
Madonna di Campiglio
Sarche
Gardasee
Wasserkraftwerk
Trento
Lago di Toblino

Zu den rund 120 Klettersteigen in den eigentlichen Dolomiten gesellen sich etwa 30, die in den Bergen nördlich des Gardasees und in den Vicentiner Alpen nördlich von Vicenza liegen. Diese Routen sind in das vorliegende Buch nicht aufgenommen worden, weil sie in der Regel kurz und leicht sind, als Einzelziele nicht lohnen und eine Verknüpfung mehrerer Routen kaum möglich ist. Wenn sie

dennoch, etwa bei schlechtem Wetter, als Ausweichmöglichkeiten genutzt werden sollen, kann man die nötigen Informationen schnell vor Ort einholen.

Zwei dieser Routen indes seien wegen ihrer ungewöhnlichen Schwierigkeit hier präsentiert: Die erste, die Ferrata Monte Albano, verläuft oberhalb des Ortes Mori, zwei Schritte vom Gardasee entfernt, dem Mekka der Windsurfer aus aller Herren Länder. Gewiss hat der urbane Rahmen mit dem der Dolomiten nichts gemein, doch kann der Aufstieg die An- oder Rückreise einen halben Tag lang versüßen.

Die Via attrezzata Pisetta, die durch die Felsen des Monte Garzolè verläuft, gilt unter den inzwischen über 600 Klettersteigen in den Alpen als der schwierigste. Man muss sich fragen, ob die Bezeichnung Klettersteig hier überhaupt noch zutreffend ist, bestand doch das ursprüngliche Prinzip der Klettersteige darin, bei einer logischen Wegführung Hilfestellung zu geben. Worin aber besteht die Logik eines gespannten Drahtseils an einer beliebigen Wand, noch dazu zum Verdruss der wirklichen Kletterer, die diese Felswand nutzen? Als die Via attrezzata Pisetta 1984 eingerichtet wurde, folgte eine Welle des Protests seitens verschiedener alpiner Organisationen, allen voran des CAI, der die Einrichtung von Klettersteigen in den gesamten Dolomiten einstellte. Wenn man schon keine logischen Trassen mehr fand, wollte man das Unternehmen lieber beenden, statt sich durch Übereifer auszuzeichnen.

Auf die Gefahr hin, manche zu verärgern, könnte man zur Verteidigung der Pisetta allerdings anführen, dass die interessanten Kletterpassagen ohnehin weiter links verlaufen, und da dieser Klettersteig in seiner Art einzigartig ist, könnte ein Besuch sowohl aus sportlichen als auch historischen Gründen gerechtfertigt sein, solange dies überhaupt noch möglich ist …

Sollten Sie am Fuß dieser Felswand stehen, werden Sie nämlich möglicherweise gar kein Drahtseil mehr entdecken, da verschiedene Verbände nach wie vor für die Abschaffung der Ferrata kämpfen. Welches Schicksal ihr auch immer beschieden sein mag, man muss ihr zugute halten, dass sie den Erfahrungsschatz allemal bereichert und manch ungute Entwicklung vermeiden geholfen hat.

Via ferrata del Monte Albano:

An der östlichen Ortseinfahrt von Mori, wo man das Fahrzeug abstellt, die Hauptstraße etwa 200 m ansteigend. Einem Hinweisschild folgend, rechts in eine kleine, steile Gasse abzweigen. Zu der Kapelle, die von der Straße gut sichtbar ist, und in wenigen Minuten zum Wandfuß. Der absichtlich »selektiv« angelegte Einstieg verläuft über einen glattpolierten und senkrechten Felsaufschwung. Unmittelbar nach dieser ersten schwierigen Passage kann man über einen »Notabstieg« den Rückzug antreten. Mehrere Querungen über bauchige Felsvorsprünge verschaffen eindrucksvolle Tiefblicke. Bäume und Sträucher mildern diesen Eindruck im mittleren

Teil; bei der Überschreitung eines Abbruchs über ein schmales Holzbrett ist erneut Schwindelfreiheit angesagt. Hier kann man bei einer im Fels angebrachten Madonna seinen Obulus entrichten. Ab jetzt sind die Schwierigkeiten gemäßigt. Nach einem Kamin führt ein großes Band an den Fuß eines kleinen, durchschnittlich schwierigen Pfeilers. Von dort zu einem weiteren Band mit Blick auf den letzten Felsaufschwung, wo auch das Gipfelbuch ausliegt. Dieser letzte, etwa 40 m hohe Vorsprung ist sehr steil und mit großen Anstrengungen verbunden.

Der Abstieg verläuft über einen der beiden guten Wege beidseitig der Felswand (der linke, ein reiner Wanderweg, ist schneller als der rechte, ein leichter versicherter Steig.).

Via attrezzata Rino Pisetta:
Man kann in der Ortsmitte von Sarche aufbrechen (259 m, Übersicht von der Wand mit sämtlichen Kletterwegen), muss dann allerdings auf dem Rückweg zu Fuß entlang dem See von Toblino und der sehr unangenehmen Straße gehen. Besser ist es, das Fahrzeug auf einem Parkplatz am Seeufer abzustellen. Zu Fuß Richtung Sarche bis an das Ende des Sees, die Straße queren und hinter einem kleinen Kraftwerk weiter auf einem Weg, der direkt in den Wald führt. Er trifft auf den querverlaufenden Weg, den man von der Straße aus sieht. Von dort führen mehrere mühselige Spuren direkt zur Felswand, deren rechte Kante man anvisieren muss. 15 Min. vor der letzten Plattform stößt man auf ein Hinweisschild (*Via*

attrezzata); eine Bronzetafel markiert den Beginn des Klettersteigs. Der erste, 50 m hohe, senkrechte Vorsprung ist absichtlich beschwerlich. Klettertechnische Grundfertigkeiten wie Spreizen und Gewichtsverlagern sind hier von Vorteil. Wer bei dieser ersten Prüfung bereits Schwierigkeiten hat, ist gut beraten, oberhalb dieses Aufschwungs rechts über einen angezeigten Notausstieg (*rientro di emergenza*), an dem sich ein Drahtseil befindet, schleunigst wieder hinunterzuklettern. Das Ende der Route nämlich ist längst noch nicht in Sicht. Die stets schräg nach links verlaufenden Bänder folgen auf oft senkrechte und ausgesprochen glatte Platten. Künstliche Steighilfen sind nirgends vorhanden. Einziges Hilfsmittel ist das durchgehende Drahtseil. Bisweilen muss man sich einer Gegendrucktechnik bedienen, um weiter nach oben zu kommen. D. h. man drückt sich mit den Füßen von der Wand ab und hangelt sich am Drahtseil hoch.

Nach einer ersten Unterbrechung (ein paar Minuten Gehstrecke) gelangt man zu einer schönen Platte, mit deren Anstieg die größten Schwierigkeiten bewältigt sind. Es folgen eine weitere Unterbrechung und Passagen am Fels im Wechsel mit Bändern, bevor der letzte, sehr schmale Grat auftaucht, an dessen rechter Seite man zum Gipfelplateau auf 970 m gelangt.

Abstieg: Der Weg führt auf der gegenüberliegenden Seite zum Dorf Ranzo (740 m), wo man auf den Fahrweg trifft, der südwärts zwischen schönen Schluchten am Schloss von Toblino endet.

Superferrata Gianni Costantini _____ 31

Cima Moiazza Sud (2878 m)

Lage: Civettagruppe; der Passo Duran liegt nordöstlich von Agordo. Man erreicht ihn auch von Osten über das Val di Zoldo.

Ausgangspunkt: Passo Duran (1601 m). Man kann direkt am Pass im Rifugio C. Tomè übernachten oder in weniger als einer Stunde zum Rifugio Carestiato (1834 m) hinaufsteigen. 5 Min. von hier, am Ende des kleinen Grates, der zur Wand führt, liegt der Einstieg zur Ferrata.

Zeit: 3 Std. an der Südseite der Cresta delle Masenade; von dort 2 Std. zum Gipfel der Cima Moiazza Sud; 3 Std. Abstieg zum Rifugio Carestiatio (entspricht einer sportlichen Zeit, doch wird untrainierten Gehern ohnehin dringend von der Route abgeraten).

Höhenunterschied: Knapp 900 m an der Südseite der Cresta delle Masenade; von dort zum Gipfel der Cima Moiazza Sud etwa 150 m, allerdings über eine lange, anfangs absteigende Gratquerung; Abstieg 1050 m.

Schwierigkeit: Italiener bezeichnen die Superferrata Costantini als *die* Via ferrata schlechthin und als unbedingtes Muss für Kletterer. Sie ist der schönste und schwierigste Klettersteig … Und nicht nur das, im Grunde handelt es sich um eine große, fabelhafte Bergtour mit einigen versicherten Passagen. Die gewollt spärliche Sicherung ist lobenswert und beugt der Gefahr vor, dass Geher, die mit der Tour überfordert sind, möglicherweise hängen bleiben. Das Ergebnis sind einige ausgesprochen athletische, meistens kurze drahtseilgesicherte Abschnitte. Größtenteils geht es über nicht versicherte Stufen in hochalpinem Ambiente. Die große Schwierigkeit liegt in der erforderlichen Ausdauer, der Länge und dem beim Abstieg auf den Bändern stets präsenten Abgrund (vor allem auf der berühmten Cengia Angelini, dem »Engelsband«, das mit beeindruckenden 700 m Tiefblick aufwartet). Diese Bänder gehören zu den schönsten und schwindelerregendsten in den Dolomiten.

Anmerkungen: Geher, die nicht über die nötige Trittsicherheit verfügen, sollten angeseilt sein.

– Wegen der Schneereste, insbesondere auf dem Engelsband, kann ein kleiner Pickel nützlich sein, vor allem bei Firnbildung.

Diese Ferrata hat ihren Ruf weg, und der lässt an Superlativen scheinbar nichts zu wünschen übrig. Aber wenn man diese Moiazza-Unternehmung mit anderen Routen vergleicht, darf man die Frage stellen, ob nicht die Popera-Umrundung, wenn man sie in einem Tag und bei Schnee absolviert, eine ungleich ernstere Angelegenheit ist. Bewertungen dieser Art sind und bleiben ausgesprochen subjektiv, und man darf nicht vergessen, dass die Ferrata Costantini, so lang und mühsam sie auch sein mag, alles in allem nicht an die Anstrengungen heranreicht, die mit den meisten klassischen Alpintouren verbunden sind.

Wenn man sich allerdings vor Augen führt, dass die Klettersteige ursprünglich für Wanderer angelegt wurden, sieht die Sache schon ganz anders aus. Das hier vorausgesetzte Niveau eignet sich ganz eindeutig nur für Bergsteiger mit Alpin- und Klettererfahrung, wenn auch keine direkte Parallele zur Sportkletterei besteht. Und genau das ist der springende Punkt: Kann man Wanderern eine derart lange Gebirgstour überhaupt zumuten? Die Erbauer gerade solcher »Eisenwege« dürfen sich ihrer Verantwortung nicht entziehen und müssen Farbe bekennen. In Italien wird inzwischen deutlich auf die Risiken schwieriger Steige dieser Art hingewiesen und Aufklärung betrieben. »Abschreckung« gilt hier durchaus als probates Mittel: In der Regel sind dann auf diesen Routen auch nur Geher mit überdurchschnittlicher Alpinerfahrung unterwegs.

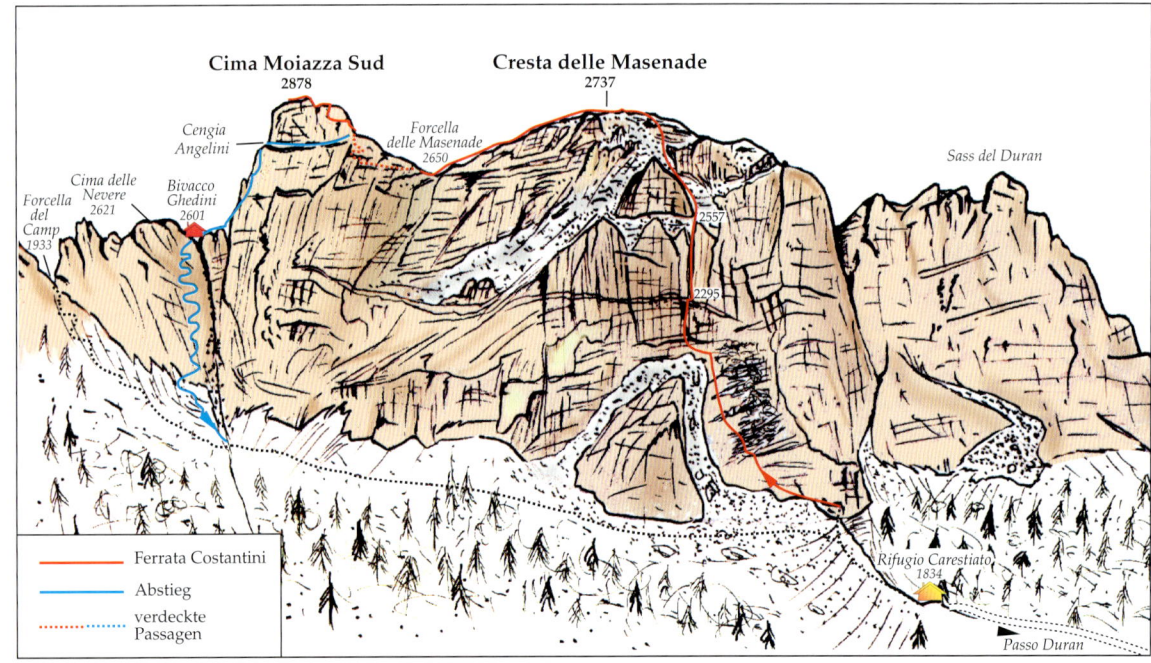

Cima Moiazza Sud 2878 — Cresta delle Masenade 2737 — Cengia Angelini — Forcella delle Masenade 2650 — Sass del Duran — Cima delle Nevere 2621 — Forcella del Camp 1933 — Bivacco Ghedini 2601 — 2557 — 2295 — Rifugio Carestiato 1834 — Passo Duran

— Ferrata Costantini
— Abstieg
···· verdeckte Passagen

31 – Superferrata Gianni Costantini

Hin- und Rückweg zum Gipfel der Cima Moiazza Sud.

Blick von der Nordflanke des Agnèr auf die Moiazza ganz im Hintergrund.

Telefonnummern der aufgeführten Hütten

Für Änderungen kann keine Haftung übernommen werden.
Die Angabe der jeweiligen Kommune kann bei der Suche nach einer geänderten Telefonnummer hilfreich sein.
Die Auslandsvorwahl von Deutschland lautet 0039; die »0« der Vorwahlnummer entfällt nicht.
Die meisten Hütten sind vom 20. Juni bis 20. September geöffnet.

Rif. Silvio Agostini, CAI SAT, San Lorenzo in Banale,
0465/74138 (Hütte) oder 74104 (Tal)
Rif. Alimonta, privat, Madonna di Campiglio, 0465/40366
Rif. Auronzo, CAI, Misurina, 0436/39002
Rif. Antonio Berti, CAI, Padola, 0435/67155
Rif. Brentei, CAI, Madonna di Campiglio,
0465/40033 (Hütte) oder 41244 (Tal)
Rif. Carducci, CAI, Auronzo, 0435/97136
Rif. Carestiato, CAI, La Valle Agordina, 0437/62949
Rif. Castiglioni, privat, Canazei, 0462/60117
Rif. Coldai-Sonino, CAI, Zoldo Alto, 0437/789160
Rif. Comici (siehe Rif. Zsigmondy-Comici)
Rif. Contrin, ANA, Canazei, 0462/61101
Rif. Angelo Dibona, privat, Cortina d'Ampezzo, 0436/860294
Rif. Dodici Apostoli (Rif. Garbari), CAI SAT, Pinzolo, 0465/51309
(Hütte) oder 51321 (Tal)
Drei-Zinnen-Hütte (Rif. Locatelli), CAI, Sexten,
0474/72002 (Hütte) oder 70347 (Tal)
Rif. Firenze (siehe Regensburger Hütte)
Rif. Garbari (siehe Rif. Dodici Apostoli)
Rif. Gardeccia, privat, Pozza di Fassa,
0462/63152 (Hütte) oder 64390 (Tal)
Gartlhütte (Rif. Re Alberto I.), privat, Pera di Fassa,
0462/63428 (Hütte) oder 763548 (Tal)
Rif. Giussani, CAI, Cortina d'Ampezzo, 0436/5740
Rif. Graffer, CAI SAT, Madonna di Campiglio, 0465/441358
Langkofelhütte (Rif. Vicenza), CAI, St. Cristina,
0471/797315 (Hütte) oder 796920 (Tal)
Rif. Lorenzi, privat, Cortina d'Ampezzo, 0436/866196
Rif. Lunelli, privat, Padola, 0435/67171
Paolinahütte, privat, Welschnofen, 0471/612008 (Hütte)
oder 612072 (Tal)

Rif. Tommaso Pedrotti und Rif. Tosa, CAI SAT, Madonna di
Campiglio / Molveno, 0461/948115 (Hütte) oder 586042 (Tal)
Rif. Pian dei Fiacconi, privat, Canazei, 0462/61412
Pisciadùhütte (Rif. Cavazza), CAI, Corvara, 0471/836292
Plattkofelhütte (Rif. Sassopiatto), privat,
Campitello di Fassa, 0462/61721
Rif. Pradidali, CAI, Tonadico, 0439/64180
Regensburger Hütte (Rif. Firenze), CAI,
Wolkenstein, 0471/796307
Rosengartenhütte (Rif. Fronza), CAI, Welschnofen, 0471/612033
Rif. Rosetta-Pedrotti, CAI SAT,
San Martino di Castrozza, 0439/68308
Rotwandhütte (Rif. Roda de Vaèl), SAT, Vigo di Fassa, 0462/64450
Santnerpasshütte (Rif. Passo Santner), privat,
Pera di Fassa, 0471/642230
Rif. Scarpa-Gurekion, CAI, Frassenè, 0437/67010
Rif. 7° Alpini, CAI, Belluno, 0437/941631
Rif. Cesare Tomè, CAI, Agordo, 0437/62006
Rif. Maria Vittoria Torrani, CAI, Zoldo Alto, 0437/789150
Rif. Treviso-Canali, CAI, Tonadico, 0439/62311
Rif. Tuckett und Quintino Sella, CAI SAT,
Madonna di Campiglio, 0465/41226
Vajolethütte, CAI SAT, Pozza di Fassa, 0462/63292
Rif. Vandelli (Sorapisshütte), CAI, Auronzo, 0436/39015
Rif. Mario Vazzoler, CAI, Taibon-Agordino, 0437/660008
Rif. Velo della Madonna, CAI SAT, San Martino
di Castrozza, 0439/768731
Rif. Vicenza (siehe Langkofelhütte)
Rif. Zsigmondy-Comici, CAI, Sexten, 0474/70358 (Hütte)
oder 70413 (Tal)

Eine der »verkehrsgünstig« gelegenen Hütten, hier am Giaupass unterhalb der Gusela.

Alpine Herausforderungen meistern

Alexander und Thomas Huber
Herausgeber Reinhold Messner
The Wall
Die erste Dokumentation über
Alexander und Thomas Huber –
Vorbild und Wegbereiter für inno-
vative Kletterer im höchsten Schwie-
rigkeitsgrad: Entwicklungsstationen,
spektakuläre Erstbegehungen und
Expeditionen; mit Kommentaren
von Reinhold Messner.

Jean-Louis Laroche / Florence Lelong
Die Gipfel des Montblanc
Hochalpine Herausforderungen
im Montblanc-Massiv für erfahrene
Bergsteiger: 57 aktuelle Routen auf
50 Gipfel – von relativ einfachen
Gletscherüberschreitungen über
drei Anstiege auf den Montblanc
bis hin zu extremen Klettertouren
– mit atemberaubenden Fotos.

Peter Geyer / Andreas Dick
Alpin-Lehrplan Band 3:
Hochtouren – Eisklettern
Gletscherwanderungen, Hochtouren,
kombinierte Touren in Eis und Fels,
Eisklettern in Eiswänden oder ge-
frorenen Wasserfällen, Expeditionen:
Bewegungstechnik und Taktik,
Sicherungstechnik, Theorie, Umwelt-
und Naturschutz.

Michael Sachweh
**Bergwetter für Sport
und Freizeit**
Alles über Wetter und Klima der
Gebirgsregionen – Schwerpunkt
Alpenraum – speziell für Wanderer,
Bergsteiger, Kletterer, Mountainbiker,
Skifahrer und Snowboarder, Segel-
und Drachenflieger, Paraglider,
Ballonfahrer, Segler und Surfer.

Michael Hoffmann / Wolfgang Pohl
Alpin-Lehrplan Band 2:
Felsklettern – Sportklettern
Klettertechniken, Taktik beim klassi-
schen Felsklettern, Stürzen und Taktik
beim Sportklettern, Sicherungsme-
thoden, Ausrüstung, Wetter, alpine
Gefahren, Orientierung usw.

Pit Schubert / Pepi Stückl
Alpin-Lehrplan Band 5:
Sicherheit am Berg
Für Wanderer, Bergsteiger, Kletterer
und Skibergsteiger aller Könnens-
stufen: die Ausrüstung und ihre
Anwendung mit allen technischen
Neuerungen und Verbesserungen,
Sicherung und Sicherheit – Theo-
rie und Praxis.